高等职业教育“双高”建设新形态规划教材

U0616365

铁路普通货物运输

（智媒体活页式）

主　编◎吴丽然　杨冀琴
副主编◎王　丹　赵　峥　易　连

西南交通大学出版社
·成　都·

图书在版编目（CIP）数据

铁路普通货物运输：智媒体活页式 / 吴丽然，杨冀琴主编. —成都：西南交通大学出版社，2023.6
ISBN 978-7-5643-9319-9

Ⅰ. ①铁… Ⅱ. ①吴… ②杨… Ⅲ. ①铁路运输－货物运输－高等职业教育－教材 Ⅳ. ①U294

中国国家版本馆 CIP 数据核字（2023）第102236号

Tielu Putong Huowu Yunshu (Zhimeiti Huoyeshi)
铁路普通货物运输（智媒体活页式）

吴丽然　杨冀琴　　主编
责任编辑／宋浩田
封面设计／吴　兵

西南交通大学出版社出版发行
（四川省成都市金牛区二环路北一段111号西南交通大学创新大厦21楼　610031）
发行部电话：028-87600564　　028-87600533
网址：http://www.xnjdcbs.com
印刷：四川玖艺呈现印刷有限公司

成品尺寸　185 mm × 260 mm
印张　13.5　　字数　340千
版次　2023年6月第1版　　印次　2023年6月第1次

书号　ISBN 978-7-5643-9319-9
定价　42.00元

课件咨询电话：028-81435775
图书如有印装质量问题　本社负责退换

前言

PREFACE

铁路运输是现代运输主要方式之一，它和公路、航空、水运以及管道运输共同组成我国的交通运输体系，是国民经济的重要组成部分。交通运输是国民经济的基础性、先导性、战略性产业，也是重要服务性行业，是服务构建新发展格局的重要支撑，也是联系国际贸易和文化交流的重要途径。党的十八大以来，我国交通运输事业取得辉煌成就，交通运输体系不断完善，服务质量持续提高，为经济社会高质量发展提供了坚实支撑。

交通强国，铁路先行。铁路作为国民经济大动脉和国家重要基础设施，近年来铁路网规模快速增长，运量不断提高。铁路运输具有运输能力大、运输距离长、运输安全性高、运输成本低、受环境和天气影响小等特点，在与人民生产生活密切相关的重点物资运输、大宗散货和小批量百货运输方面发挥了重要作用，服务国家战略和人民群众生产生活需求，为国民经济平稳运行提供了有力运输保障。

全书共分六个项目，包括认识铁路货物运输、组织普通货物整车运输、组织普通货物集装箱运输、货物运费核算、处理货物损失和货场管理。每个项目包括情境描述、工作任务、复习思考题。每个任务由情境任务、学习目标、任务计划、引导问题、知识链接，部分任务有知识拓展和任务拓展模块。

本教材定位为学习者的学习材料，项目任务内容的编写，坚持以学习者为中心，设计任务情境，明确学习目标，制定任务完成计划，通过设计由简单到复杂的引导问题（包含知识、技能和思政类问题），引导学生循序渐进地完成任务，帮助学生全方位实现学习目标。在完成任务过程中，需要的理论知识、技能指导等材料，在后面的知识链接中呈现，学生需要用到相关材料时可随时翻阅，也可扫码学习相关内容。

本书由成都工业职业技术学院吴丽然、杨冀琴担任主编，中国铁路成都局集团有限公司张新雨主审。编写分工：成都工业职业技术学院赵峥编写项目一，成都工业职业技术学院吴丽然编写项目二，成都工业职业技术学院杨冀琴编写项目三，四川铁道职业学院易连编写项目四，天津铁道职业技术学院王丹编写项目五和项目六。

本书在编写过程中汲取了相关教材的精华，并收集现场生产案例和各参编院校的教学经验，主要参照铁路货物运输相关规章和国家铁路集团公司最新印发的文件来编写。感谢中国铁路成都局集团有限公司黄德伟等现场技术人员和各兄弟院校的老师们给予的大力支持并提出宝贵意见。

由于编者能力有限，书中难免有不足之处，恳请读者们批评指正。

编 者

2022 年 11 月

目录
CONTENT

项目一 认识铁路货物运输

情境描述

王某计划于 5 月 1 日在大朗站托运 40 t 西瓜到圃田站（大朗站到圃田站运价里程为 1 085 km）。

任务一　认识铁路货运产品及服务

情境任务

思考： 上述货物是否属于铁路运输对象？

想一想： 结合公转铁新闻报道，思考为什么我国要进行运输结构调整，铁路运输的优势有哪些？

学习目标

公转铁报道视频
扫码观看

1. 了解铁路货运对象、特点。
2. 认识货运生产过程。
3. 认识铁路货物运输法律法规。

任务计划

序号	工作内容	负责人
1		
2		
3		

引导问题

1. 铁路货物运输对象有哪些?

2. 你认为王先生托运的西瓜属于哪一类货物，是否可以使用铁路运输?

3. 铁路货物运输相关法律法规有哪些?

4. 哪本规章是铁路货物运输的基本规章，哪些人需要遵守此规章?

5. 试分析王先生采用铁路托运西瓜的优缺点。

知识链接

一、铁路货物运输对象

我国铁路货物运输的对象为除国家规定的有特殊运输限制的货物之外的各类货物。

（一）按货物类别分类

我国铁路将货物分为 26 个品类，分别为：煤、石油、焦炭、金属矿石、钢铁及有色金属、非金属矿石、磷矿石、矿物性建筑材料、水泥、木材、粮食、棉花、化肥及农药、盐化工品、金属制品、工业机械、电子电气机械、农业机具、鲜活货物、农副产品、饮食品及烟草制品、纺织品和皮革，毛皮及其制品、纸及文教用品、医药品、其他货物。

（二）按货物的包装形式分类

按照货物的包装形式的不同，可将货物分为成件包装货物（箱、袋、桶、捆、筐）、集装件货物、散堆装货物（粉、块、粒）。

（三）根据货物的运输条件分类

根据货物对运输条件要求的不同，可将货物分为按普通条件运输的货物和按特殊条件运输的货物。按特殊条件运输的货物包括危险货物、鲜活货物和阔大货物等。

二、铁路货物运输特点

铁路是我国国民经济的大动脉，适应于负担长途货物及大宗物资的运输。它与其他运输方式相比较，主要具有以下特点：

（1）运送速度快。

（2）安全程度高。

（3）运输距离长。

（4）运输成本低。

（5）运输能力大。

（6）受天气影响小。

（7）能耗低，对环境污染小。

（8）灵活性较差。

（9）初期投资大。

另外，铁路运输由运输、机务、车辆、工务、电务等业务部门组成，要具备较强的准确性和连贯性，各业务部门之间必须协调一致，这就要求在运输指挥方面实行统筹安排，统一领导。

三、铁路货物运输生产过程

铁路货物运输的对象是货物，铁路运输业的产品是货物的位移。大量的货物向着某一方向流动，就形成了货流，而真正实现货物的流动必须借助于货车这个载体，也就有了“车流”的概念。车流就是铁路运送的具有一定去向的车辆的集合。车辆是装载货物的工具，但是铁路上不是单个车辆在运行，而是车辆以列车的形式在线路上运行。列车是铁路运输生产的基本单元。具有一定去向的列车的集合称为列车流，简称“列流”。

货物运输中，从货流到车流，再到列流，最后到列车的运行，实现货物的位移，是层层递进的关系，这中间涉及大量的组织工作。可以说，将货流组织成车流，是货物运输计划解决的问题；把车流组织成列车流，是货物列车编组计划的任务，如图 1-1 所示。

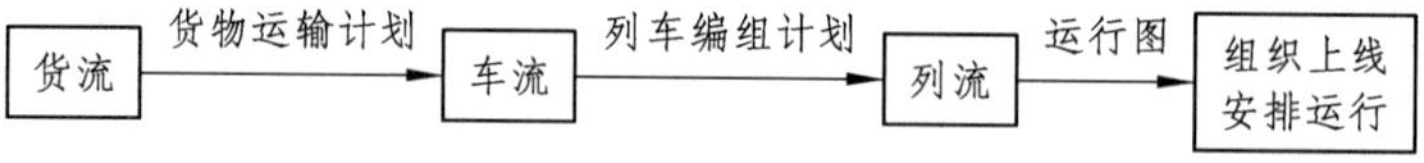

图 1-1　货流、车流、列流相互关系示意图

在货运站中，货运调度员（以下简称“货调”）根据货物运输计划完成对货物装卸车组织和车辆拨配等作业的指挥工作；货运员则是具体完成铁路货物运输受理、承运、仓储、装卸车、交付、费用核收及国际联运交接检查等作业的人员。货运员、货运调度员共同配合，将货流转化为车流。

四、铁路货物运输法律法规

（一）铁路货物运输相关法律法规

（1）《中华人民共和国民法典》（简称《民法典》）是为了保护民事主体的合法权益，调整民事关系，维护社会和经济秩序，适应中国特色社会主义发展要求，弘扬社会主义核心价值观，根据宪法而制定的法律，其中对货物运输合同做出了专项规定。

（2）《中华人民共和国铁路法》（简称《铁路法》）是为了保障铁路运输和铁路建设的顺利进行，适应社会主义现代化建设和人民生活的需要而制定的法律，是组织铁路货物运输时必须遵守和执行的法律依据。

（3）《铁路安全管理条例》是为了加强铁路安全管理，保障铁路运输安全和畅通，保护人身安全和财产安全而制定的法规。

（二）铁路货运工作主要规章

1.《铁路货物运输规程》及相关规则

《铁路货物运输规程》（简称《货规》），是货物运输的基本规章，是组织铁路货物运输最为直接的规范性依据，铁路和托运人、收货人都必须遵守执行。《货规》明确规定了铁路货物运输的基本条件、货物运输合同、货物的受理、货物的承运和交付、搬入和搬出、装车和卸车、货运事故的处理和赔偿、承运人和托运人双方责任划分等。对于未纳入《货规》或《货规》规定未尽的有关货物运输的问题，以《货规》引申规则或办法的形式出现，主要有：《铁路货物运价规则》《铁路集装箱运输规则》《铁路危险货物运输管理规则》《铁路鲜活货物运输规则》《铁路货物装载加固规则》《铁路超限超重货物运输规则》《铁路保价运输规则》等。

2. 铁路内部货运管理规则与办法

铁路内部货运管理规则与办法主要有：《铁路货物运输管理规则》《铁路货物损失处理规则》《铁路集装箱运输管理规则》《铁路保价运输管理办法》等。

3. 国际联运规章

国际联运规章主要有：《国际铁路货物联运协定》《国际铁路货物联运统一过境运价规程》《国际铁路货物联运协定办事细则》等。

4. 水陆联运规章

《铁路和水路货物联运规则》是水陆联运的基本规章。

5. 军运规章

军运规章主要有：《铁路军事运输管理办法》《军用危险货物铁路运输管理规则》等。

6. 其他法律法规

其他法律法规包括国务院各部委与国家铁路集团联合发布的货物运输相关法律法规。

任务二 铁路货物运输基本条件认知

情境任务

要求：分析大朗站是否能够承运王先生托运的西瓜。

想一想：结合链接中的案例，分析法院最终判决承运人应向宏隆实业有限公司支付哪些赔偿金？为什么要支付这些赔偿金？如何改进才能避免此类货损发生？

宏隆实业有限公司与上海铁路分局何家湾站等铁路货物运输合同逾期货损索赔纠纷再审案请扫码观看。

货损索赔纠纷再审案例
扫码观看

学习目标

（1）知道不同铁路货物运输种类的办理条件。
（2）理解一批的概念。
（3）会计算货物运到期限。
（4）培养遵章守纪、认真细致的职业素养。
（5）树立客户服务意识。

任务计划

序号	工作内容	负责人
1		
2		
3		

引导问题

1. 王先生托运的西瓜可以选择哪种运输种类？为什么？

2. 王先生了解了铁路货物运输的种类后，准备再拿 10 t 的大米和西瓜一起运输，是否可以按照一批办理，说明原因。

3. 王先生的朋友李某有 10 t 桃子，也计划由大朗站运至圃田站，分析王某和李某的货物是否可以按一批办理。

4. 计算该批西瓜的运到期限。

5. 在咨询大朗站是否能够承运这批西瓜时，王先生给出西瓜的容许运输期限为 10 天，判定是否可以承运该货物。

6. 大朗站于 5 月 1 日承运该批货物，5 月 9 日在圃田站卸车完了并通知收货人张某领货，张某要求圃田站支付违约金，分析车站是否需要支付违约金，需要支付违约金的比例是多少?

7. 如果在运输过程中由于天气原因导致线路中断，货物于 5 月 3 日起滞留途中车站，5 月 5 日恢复运输，分析圃田站是否需要支付违约金，为什么?

知识链接

一、铁路货物运输种类

根据铁路运输的货物的数量、性质、包装、体积、形状和组织方法，可以将铁路货物运输划分为整车运输、批量零散快运、零散快运、集装箱运输 4 种。

（一）整车运输

一批货物的重量、体积或形状需要以 1 辆或 1 辆以上货车运输的应按照整车方式运输。主要用于煤炭、石油、矿石、钢铁、焦炭、粮食、化肥、化工、水泥等大宗品类物资运输。整车运输是铁路的主要运输方式。

（二）批量零散快运

批量零散货物，是指适用于每一批托运重量超过 40 t 或体积大于 80 m^3 的 152 类小运量白货品类货物，按整车组织装运。批量运输一般按实际重量计费，但密度小于 167 kg/m^3 的货物，按照 167 kg/m^3 的密度计费。

以下货物不可批量运输：

（1）散堆装货物。

（2）超长、超重、超限、集重的货物。

（3）国际联运货物。

（4）需要使用棚车、敞车以外的其他车型装运的货物。

（三）零散快运

对于批量零散货物快运品类的货物，一批重量不足 40 t 且体积不足 80 m^3 的，可按零散货物快运办理；对于非批量零散货物快运品类的货物，不足整车时，可按零散货物快运办理，但以下货物除外：

（1）散堆装货物。

（2）危险货物、超限超重和超长货物。

（3）活动物及需冷藏、保温运输的易腐货物。

（4）易于污染其他货物的污秽货物。

（5）军运、国际联运、需在米轨与标准轨换装运输的货物。

（6）在专用线（专用铁路）装卸车的货物。

（7）国家法律法规明令禁止运输的货物。

（8）其他不宜作为零散货物运输的货物。

零散货物按货物实际重量（体积）进行受理和承运。

（四）集装箱运输

集装箱运输是以集装箱为载体，将货物集合组装成集装单元，便于运用大型装卸机械进行装卸搬运的一种运输方式。集装箱运输具有标准化程度高、装卸作业快、货物安全性好、交接方便等技术优势，既是多式联运的主要方式，也是中国铁路的重点业务发展方向，适用于贵重、怕湿、精密、易损货物的运输。

二、一批

（一）一批的概念

一批是铁路承运货物、计收运费、交付货物和处理货物损失的基本单位，按一批托运的货物使用一张货物运单，按照同一运输条件进行运输。

（二）按一批办理的条件

按一批托运的货物，必须托运人、收货人、发站、到站和装卸地点相同（整车分卸货物除外）。

按运输种类的不同，一批的划分如下：

（1）整车货物以每车为一批；跨装、爬装及使用游车的货物，每一车组为一批，如图 1-2 所示。

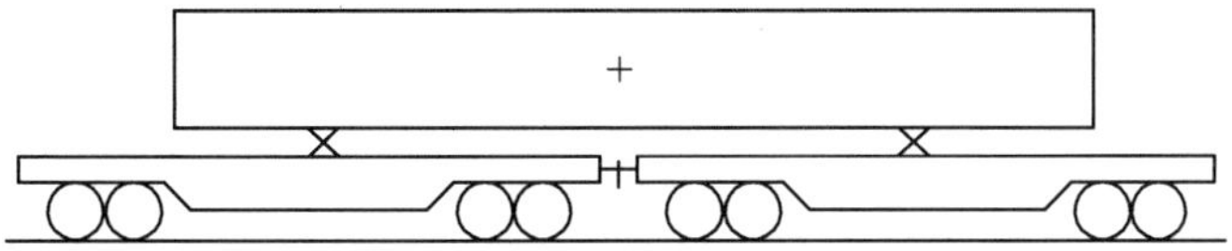

（a）跨装货物

（b）爬装运输

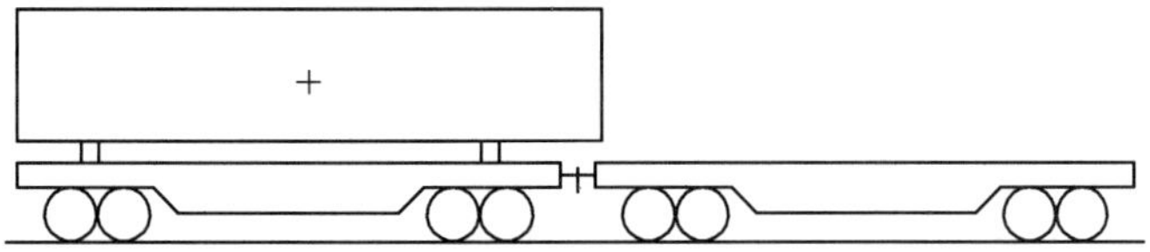

（c）使用游车

图 1-2　跨装、爬装及使用游车的货物

（2）使用集装箱运输的货物，以每张货物运单为一批。使用集装箱运输的货物，每批必须是同一箱型，至少一箱，最多不得超过铁路一辆货车所能装运的箱数。

（三）按一批办理的限制

由于货物性质各不相同，其运输条件也不一样。为保证货物安全运输，规定下列货物不得按一批托运：

（1）易腐货物与非易腐货物。

（2）危险货物与非危险货物（另有规定者除外）。

（3）根据货物的性质不能混装运输的货物。
（4）按保价运输的货物与不按保价运输的货物。
（5）投保运输险货物与未投保运输险货物。
（6）运输条件不同的货物。
上述不能按一批托运的货物，在特殊情况下经铁路局承认也可按一批托运。

三、货物运到期限

（一）货物运到期限概念

货物运到期限是铁路将货物由发站运至到站的最长时间限制，是根据铁路现有技术设备条件和运输工作组织水平确定的，也是铁路承运部分货物的根据。

货物运到期限是铁路运输合同的重要内容，是对铁路运输企业的要求和约束，也是对托运人或收货人合法权益的保护。铁路应当尽量缩短货物的运到期限，对因铁路责任超过货物运到期限的要负违约责任。

（二）货物运到期限计算

货物运到期限由货物发送期限、货物运输期限和特殊作业时间3部分组成：

$$T_{运到}=T_{发}+T_{运}+T_{特} \tag{1-1}$$

1. 货物发送期限（$T_{发}$）

货物发送期限规定为1日。

2. 货物运到期限（$T_{运}$）

普通货物运输，运价里程每250 km或未满250 km为1日；按快运办理的整车货物运价里程每500 km或未满500 km为1日。

3. 特殊作业时间（$T_{特}$）

（1）整车分卸货物，每增加一个分卸站，另加特殊作业时间1日。
（2）准、米轨间直通运输的整车货物，另加特殊作业时间1日。
（3）需要上门装、卸货物，特殊作业时间各另加1日。
（4）需要门到发站、到站到门接取送达的货物，特殊作业时间各另加1日。
上述各项特殊作业时间应分别计算，当一批货物同时具备几项时，应累积相加计算。
货物运到期限，起码天数为3日。运到期限按自然日计算。

【例1-1】王某在A站托运一批复合肥料至B站，其运价里程为1 024 km，计算该货物的运到期限。

解： $T_{运到}=T_{发}+T_{运}+T_{特}=1+1\,024/250+0=6$（日）

该货物的运到期限为6日。

（三）货物实际运到日数

起算时间：从承运人承运货物的次日（指定装车日期的，为指定装车日的次日）起算。

终止时间：到站由承运人组织卸车的货物，到卸车完了时止；由收货人组织卸车的货物，到货车调到卸车地点或货车交接地点时止。

（四）货物容许运输期限

货物容许运输期限是由托运人提出的货物运输时限，承运人据此确定在规定的运到期限内是否可以承运该货物。

托运易腐货物、“短寿命”放射性货物时，应记明货物的容许运输期限。容许运输期限至少须大于货物运到期限三天。

【例 1-2】张某自 A 站托运一批冻肉至 B 站，运价里程为 1 338 km，张某提出西瓜的容许运到期限为 12 日，试确定该批西瓜是否可以承运。

解：

$$T_{运到} = T_{发} + T_{运} + T_{特} = 1 + 1\,338/250 + 0 = 7\text{（日）}$$

$$T_{容} - T_{运到} = 12 - 7 = 5\text{（日）}$$

该批西瓜的容许运输期限大于运到期限 3 日，因此可以承运。

（五）货物运到逾期

货物运到逾期是指货物实际运到日数超过规定的运到期限。当货物运到逾期时，承运人应按所收运费的百分比向收货人支付违约金。

1. 逾期违约金的支付

货物运到期限在 10 日以内发生逾期时，应按表 1-1 的规定计算违约金。

表 1-1　运到逾期违约金支付比例（运到期限 10 日及 10 日以内）

运到期限/d	逾期总天数/d					
	1	2	3	4	5	6 日以上
3	15%	20%				
4	10%	15%	20%			
5	10%	15%	20%			
6	10%	15%	15%	20%		
7	10%	10%	15%	20%		
8	10%	10%	15%	15%	20%	
9	10%	10%	15%	15%	20%	
10	5%	10%	15%	15%	15%	20%

货物运到期限在 11 日以上，发生运到逾期时，按表 1-2 规定计算违约金。

表 1-2　运到逾期违约金支付比例（运到期限 11 日及 11 日以上）

逾期总天数占运到期限的比例	违约金占运费的比例
≤1/10	5%
>1/10，≤3/10	10%
>3/10，≤5/10	15%
>5/10	20%

2. 快运货物逾期

快运货物运到逾期，应先按表 1-3 规定退还快运费。

表 1-3　退还货物快运费比例

运价里程/km	逾期天数/d	退还货物快运费比例
≥1 801	1	30%
	2	60%
	≥3	100%
1 201 ~ 1 800	1	50%
	≥2	100%
1 200 及以下	≥1	100%

快运货物运到逾期，除依照表 1-3 规定退还快运费外，货物运输期间，按每 250 运价公里或其未满为 1 日，计算运到期限仍超过时，并应按表 1-1 或表 1-2 规定，向收货人支付违约金。

【例 1-3】某站于 4 月 10 日承运一批整车冷冻牛肉，运价里程 2 268 km，4 月 23 日运至到站，24 日送到卸车地点。

（1）是否运到逾期？如果逾期，应如何向收货人支付运到逾期违约金？

（2）若该批货物按快运办理，又应如何处理？

解：（1）$T_{运到} = T_{发} + T_{运} + T_{特} = 1 + 2\,268/250 + 0 = 11$（日）

实际运到天数 T 为 14（承运次日 4 月 11 日至送到卸车地点时间 4 月 24 日）

逾期天数 $T_{逾} = T - T_{运到} = 14 - 11 = 3$（日）

查表 1-2，运到期限为 11 日，逾期天数为 3 日，应向收货人支付运费 10%的违约金。

（2）若该批货物按快运办理，运到期限 $T_{运到} = T_{发} + T_{运} + T_{特} = 1 + 2\,268/500 + 0 = 6$（日）

实际运到天数 T 为 14。

逾期天数 $T_{逾} = T - T_{运到} = 14 - 6 = 8$（日）

应先按表 1-3 规定退还 100%快运费，再按普通运输逾期处理，即：运到期限为 11 日，逾期 3 日，应向收货人支付所收运费 10%的违约金。

3. 不支付违约金的情况

① 超限货物、限速运行的货物、免费运输的货物以及货物全部灭失，承运人不支付违约金。

② 从承运人发出催领通知的次日起（不能实行催领通知或会同收货人卸车的货物为卸车的次日起），如收货人于 2 日内未将货物领出，即失去要求承运人支付违约金的权利。

（六）货物滞留时间

货物在运输过程中，由于下列原因之一形成的滞留时间，应从实际运到天数中扣除：

（1）因不可抗力的原因引起的。

（2）由于托运人责任致使货物在途中发生换装、整理所产生的。

（3）因托运人或收货人要求运输变更所产生的。

（4）运输活动物，由于途中上水所产生的。

（5）其他非承运人责任发生的。

由于上述原因致使货物发生滞留时，发生货物滞留的车站，应在货物运单“承运人记载事项”栏内记明滞留时间和原因。到站应将各种情况所发生的滞留时间加总，加总后不足 1 日的尾数进整为 1 日。

知识拓展

高铁快运

高铁快运是中国铁路为客户提供的与高铁品牌形象和客运服务水准相匹配，具有时效快、品质优、标准高等特点的“门到门”小件快运服务。

高铁快运运输模式主要包括零散快运模式和批量运输模式。零散运输模式主要应用高铁载客动车组快运柜、大件行李处等设备，运输相对零散、小批量、高附加值的货物，主要吸纳沿途随车、随地的业务，以及商务函件、医疗物品、应急物品（如标书、发票等特殊化、个性化需求）等高端运输需求。批量运输模式主要运用确认车、预留车厢等，与规模性企业进行合作，比如生产制造企业（电子、医药等）、快递电商企业（顺丰、邮政等）。

目前，高铁快运共包括四种限时服务：

（1）当日达：为满足客户对快件高时效的需求，提供的城市之间当日收取当日送达的高铁快运服务，包含“省内当日达”和“省际当日达”。服务时效为：当日截单时间前所承接的快件，承诺当日 22:00 前送达收件人。

（2）次晨达：城市间当日收取次日上午送达的门到门高铁快运服务。次晨达业务包含“省内次晨达”和“省际次晨达”。服务时效为：当日截单时间前所承接的快件，承诺次日 11:00 前送达收件人。

（3）次日达：城市间当日收取次日送达的“门到门”高铁快运服务。次日达业务包含“省内次日达”和“省际次日达”。服务时效为：当日截单时间前所承接的快件，承诺次日 18:00 前送达收件人。

（4）隔日达：城市间当日收取第三日送达的门到门高铁快运服务。服务时效为：当日截单时间前所承接的快件，承诺第三日 18:00 前送达收件人。

高铁快运还提供两种标准服务：

（1）经济快递。

为满足客户一般性时效需求，所提供的高铁快运服务时效根据距离远近在 3 至 5 日送达（含寄送当天）的高铁快运产品。服务时效为：所辖省的省会城市间距离 1 600 km 以内的城市间 3 日送达，距离超过 1 600 km 的城市间 4 日送达，距离超过 2 400 km 的城市间或者交通不便的地区（偏远地区）5 日送达。

（2）同城快递。

为客户提供的取派件均在同一城市的高铁快运服务。服务时效为：收取快件后 24 h 内送达。

任务三　铁路货物运输合同认知

情境任务

要求：分析承运人承运王某所托运的西瓜时，双方需要签订哪些合同。

想一想：结合二维码中的案例分析本案合同的主体是谁？为什么昆明铁路局也要承担相应的赔偿责任？你认为作为货运员应该具备哪些职业素养？

学习目标

（1）了解铁路货物运输合同的概念。

（2）认识货物运单。

（3）培养遵章守纪的职业素养。

铁路货物运输合同纠纷案例

扫码观看

任务计划

序号	工作内容	负责人
1		
2		
3		

引导问题

1. 此批货物以承托双方签订的什么作为运输合同？

2. 如果王某想使用电子货物运单，他需要怎么办理？

3. 试分析电子运单与纸质运单在功能和使用过程中有哪些区别。

知识链接

一、铁路货物运输合同

托运人利用铁路运输货物时，应与铁路（承运人）签订货物运输合同。铁路货物运输合同是铁路运输企业与托运人为运送货物而签订的一种明确权利义务的协议。

（一）铁路货运合同的特征

（1）铁路货物运输合同的基本条款和内容，不是按承托双方意愿和商定，而是根据双方都必须遵守的法规、规章和办法决定的。

（2）铁路货物运输合同具有特殊的合同主体，该特征体现在两个方面：一是合同的一方当事人是固定的，即必须是铁路运输企业；二是合同的主体不限于铁路运输企业和托运人双方，货运合同往往涉及第三人，即收货人。收货人有时不是货运合同的当事人，但却是合同的利害关系人，享有规定的权利并承担合同规定的义务。

（3）铁路货物运输合同为诺成性合同。

（二）铁路货物运输合同的签订

托运人以铁路运输货物，可按年度、半年度、季度或月度签订货物运输协议，也可以签订更长期限的运输协议；在协议期内，托运人可与承运人按阶段确定需求，交运货物时，向承运人按批提出货物运单，作为运输合同的组成部分。其他货物使用货物运单作为运输合同。

（三）权利与义务

1. 托运人的权利和义务

（1）权利。

托运人有权要求铁路运输企业按照合同约定的期限和到站将货物完整无损地运达约定地点，交给收货人。由于铁路运输企业的责任造成货损、货差或逾期运到时，有权要求承运人支付违约金、赔偿金。

（2）义务。

按照货物运输合同约定的时间和要求向铁路运输企业交付托运的货物。按规定向铁路运输企业支付运费杂费，按国家规定包装标准或行业包装标准的要求包装货物。合同约定自行装货时，按照作业规程按时完成装车作业。如实填报货物运单和物品清单。

2. 承运人的权利和义务

（1）权利。

承运人有权依照合同规定，向托运人收取运费、杂费。有权对所承运货物的品名、重量、数量进行检查。由于托运人或收货人的责任，给铁路运输企业造成财产损失的，有权要求托运人或收货人赔偿。有权对逾期无法交付的货物按规定处理。

（2）义务。

将承运的货物按照合同规定的期限完整、无损地运至到站；因承运人责任造成货损、货差时，有义务承担赔偿责任。

3. 收货人的权利和义务

（1）权利。

收货人有权依据托运人交付的领货凭证或能够证明其收货人身份的证明文件领取货物。领取货物时，发现运单与实际不符合，有权查询。发现货物短少、损坏的，有权要求赔偿。

（2）义务。

及时领取货物，逾期领取的，有义务向铁路运输企业交付保管费。有义务支付托运人未付或少付的运费和其他费用。

二、货物运单

货物运单是托运人与承运人为运输货物而签订的一种运输合同。它是确定托运人、承运人、收货人之间在运输过程中的权利、义务和责任的原始依据。货物运单既是托运人向承运人托运货物的申请书，又是承运人承运货物、核收运费、填制货票、编制记录和备查的依据。货物运单见图 1-3 及图 1-4。

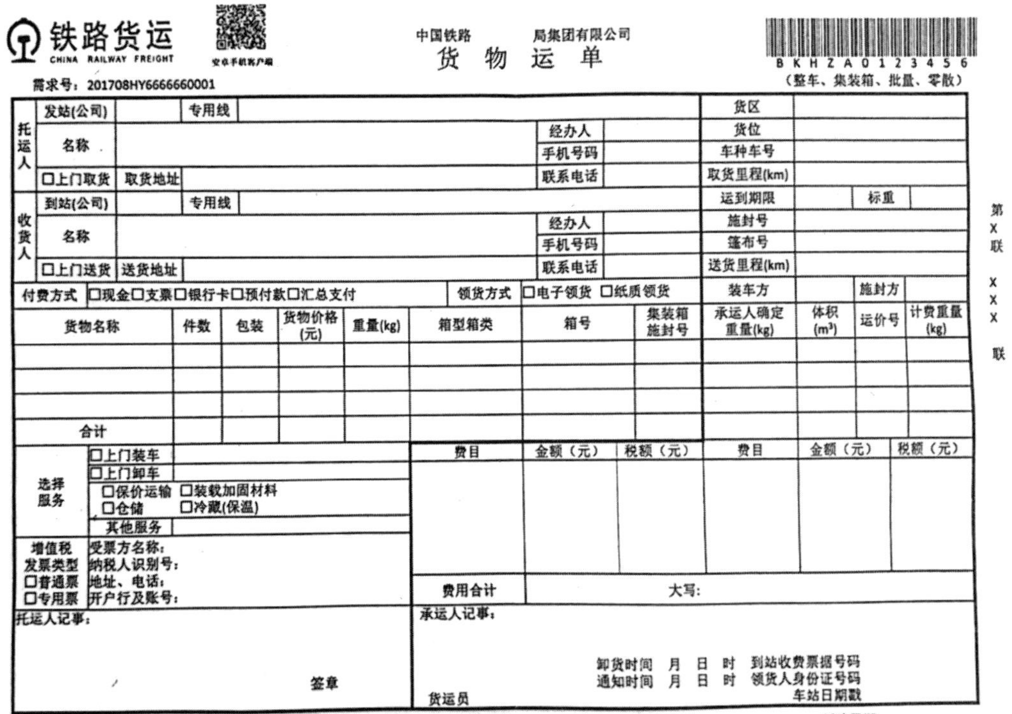
铁路货运 CHINA RAILWAY FREIGHT
安卓手机客户端
中国铁路　　局集团有限公司
货　物　运　单
BKHZA0123456
（整车、集装箱、批量、零散）
需求号：201708HY6666660001

托运人	发站(公司)		专用线		货区	
	名称		经办人		货位	
			手机号码		车种车号	
	□上门取货	取货地址	联系电话		取货里程(km)	
收货人	到站(公司)		专用线		运到期限	标重
	名称		经办人		施封号	
			手机号码		篷布号	
	□上门送货	送货地址	联系电话		送货里程(km)	
付费方式	□现金□支票□银行卡□预付款□汇总支付	领货方式	□电子领货 □纸质领货		装车方	施封方

货物名称	件数	包装	货物价格(元)	重量(kg)	箱型箱类	箱号	集装箱施封号	承运人确定重量(kg)	体积(m³)	运价号	计费重量(kg)
合计											

选择服务		费目	金额（元）	税额（元）	费目	金额（元）	税额（元）
	□上门装车						
	□上门卸车						
	□保价运输 □装载加固材料						
	□仓储 □冷藏(保温)						
	其他服务						
增值税发票类型 □普通票 □专用票	受票方名称：纳税人识别号：地址、电话：开户行及账号：	费用合计		大写：			

托运人记事：　　签章

承运人记事：
卸货时间　月　日　时　到站收费票据号码
通知时间　月　日　时　领货人身份证号码
货运员　　车站日期戳

第X联　XXX联

收货人签章　　车站接（交）货人签章　　制单人　　制单日期

图 1-3 货物运单正面

以下为货物运单背面内容：

托运人须知

1.托运人在铁路托运货物，在本单签字或盖章，即证明愿意遵守《中华人民共和国合同法》《中华人民共和国铁路法》《铁路安全管理条例》等法律法规，以及《铁路货物运输规程》等铁路规章的有关规定。

2.托运人应签署《货物托运安全承诺书》，不得匿报、谎报货物品名，不得托运或在所托运货物中夹带国家禁止运输的物品，不得在普通货物中夹带危险货物，不得在危险货物中夹带禁止配装的货物。

3.托运人在本单所记载的货物名称、件数、包装、价格、重量等事项应与货物的实际完全相符，并对其真实性负责。

4.货物的内容、品质和价格是托运人提供的，承运人在接收和承运货物时并未全部核对。

5.托运人应妥善保管电子领货密码或领货凭证，并及时将电子领货密码告知或将领货凭证寄交收货人，收货人凭电子领货密码或领货凭证经到站验证后，在到站领取货物。

6.托运人选择电子领货方式时，应在电子运单中正确填记收货人的经办人姓名、身份证号码、手机号码和电子领货密码。

7.托运人选择保价运输时，应填写货物的实际价格，作为计算“保价金额”的依据。当货物在运输过程中发生损失时，承运人对保价货物按照货物的保价金额和损失比例赔偿，对非保价货物，按规定的限额赔偿。

8.托运人应凭本单于次月底前换开增值税发票。

9.本单于托运人和承运人双方签字或盖章之时起生效。

收货人须知

1.**收货人应妥善保管电子领货密码或领货凭证，**接到货物到达通知后，及时领取货物。

2.收货人凭电子领货密码领取货物时，应同时出示身份证原件；委托他人领取货物时，收货人应登录铁路货运网上营业厅，正确填记被委托人姓名、身份证号码、手机号码等委托信息,被委托人先凭电子领货密码和本人身份证原件领取货物。

收货人凭领货凭证领取货物时，应同时出示身份证原件；委托他人领取货物时应同时提供领货凭证、收货人身份证复印件、被委托人身份证原件和委托书。收货人为法人单位时，除提供经办人身份证原件外，还需提供加盖单位公章的委托书。

3.收货人应按规定支付相关费用。

4.收货人接收货物时，**发现货物损失应立即向承运人提出。**

5.**货物交付完毕，双方之间合同关系即为履行完毕；此后发生问题，承运人不承担责任。**

货物托运安全承诺书

根据《中华人民共和国铁路法》《铁路安全管理条例》，托运货物必须遵守国家关于禁止或者限制运输物品的规定：托运人托运货物，不得匿报、谎报货物品名、性质、重量，不得在普通货物中夹带危险货物。

依据《铁路安全管理条例》第九十六条规定，托运人托运货物时，将危险货物谎报或者匿报为普通货物托运的，或在普道货物中夹带危险货物，由铁路监督管理机构依法处置。依据《中华人民共和国铁路法》第六十条规定，以非危险品品名托运危险品，导致发生重大事故的，依照刑法有关规定追究刑事责任。

本公司(本人)已阅知上述法律法规规定。承诺申报的货物运单和物品清单所填记事项真实，与实际货物相符，没有匿报、错报货物品名。托运的货物没有危险货物，没有国家法律法规及铁路部门禁止托运或混装的货物。违反此承诺造成的一切法律责任及后果由本公司(本人)承担。

托运人(盖章/签字):　　　　年　月　日

图 1-4　货物运单背面

知识拓展

电子货物运单

国铁集团于 2017 年 12 月 1 日启用货运票据电子化相关票据格式，选择电子货物运单（电子货物运单样式见图 1-5）与传统方式相比有如下好处：

铁路货运 CHINA RAILWAY FFREIGHT

中国铁路成都局集团有限公司

货　物　运　单

需求号：20210506352　　【正本】

托运人	发站（公司）	×××	专用线			货区	
	名称	四川××化工有限责任公司		经办人	王某	货位	
				手机号码	130123××××	车种车号	
	□上门取货	取货地址	德阳市××大街××号	联系电话	130123××××	取货里程（km）	
收货人	到站（公司）	海宁	专用线			运到期限	标重
	名称	浙江××化工有限公司		经办人	李某	施封号	
				手机号码	1301238××××	篷布号	
	□上门送货	送货地址	海宁××路××号	联系电话	1301238××××	送货里程（km）	

付费方式	□现金　□支票　□√银行卡　□预付款　□汇总支付	领货方式	□电子领货　□√纸质领货	装车方	货主	施封方

货物名称	件数	包装	货物价格（元）	重量（kg）	箱型箱类	箱号	集装箱施封号	承运人确定重量（kg）	体积（m³）	运价号	计费重量（kg）
聚酯切片	1300	编织袋		50							
合计				65 000							

选择服务	□上门装车	费目	金额（元）	税额（元）	费目	金额（元）	税额（元）
	□上门卸车						
	□保价运输　□装载加固材料　□仓储　□冷藏（保温）						
	其他服务						
增值税发票类型 □普通票	受票方名称： 识别号： 地址电话： 开户行及账号：						
		费用合计		大写	币：		
托运人记事： 8月6日前运到 签章		承运人记事： 货运员　车站日期戳					

收货人签章　车站接（交）货人签章　制单人　制单日期

图 1-5　电子货物运单

（1）网上提报运输需求，使用数字证书签认，不再需要跑车站确认运输需求。

（2）不需要打印纸质运单。

（3）签认需求即签认运单，不再需要到车站对传统的货票运单盖章。

（4）不用保管原有的运单托运人存查联，可随时在铁路货运 95306 查看电子运单文件。

（5）不用给收货人邮寄纸质的领货凭证，提报需求时设置领货密码，通过电话、短信、微信等形式告知收货人，既安全可靠又方便快捷。

既然电子运单有这么多的好处，怎么才能使用电子运单呢?

（1）个人发运本人的货物或者企业发运本企业的货物可以选择电子运单，目前暂不支持代办发货时使用电子运单。

（2）托运人需要注册铁路 95306 账号，如果为企业账号，需要完成企业认证和个人实名认证；如果为个人账号，需要完成实名认证。

（3）托运人需要通过铁路 95306 网站和铁路 95306 移动客户端（App）申领电子签署所需的数字证书（企业数字证书或个人数字证书）。

（4）在提报日需求时，需要选择“使用电子货物运单”并同意《电子货物运单使用须知》和《托运人须知》。

（5）选择使用电子货物运单，必须使用托运人的数字证书对需求信息及《货物安全承诺书》

进行电子签名。

（6）选择电子货物运单后，承运人不再提供纸质运单。托运人可以根据需要自行打印电子货物运单，但打印的纸质运单不具备合同效力。

（7）托运人选择电子运单时，若收货人是 95306 注册客户，在运单受理前，可选择是否设置领货密码并告知收货人；如选择不设置领货密码，应确保收货人信息准确无误，承运人交付货物时不再核验领货密码。若收货人不是 95306 注册客户，则需设置领货密码。

复习思考题

1. 简述铁路货物运输生产过程。
2. 我国铁路货物运输种类有哪些？主要运输方式是哪种？
3. 什么是一批？按一批办理的条件及限制是什么？
4. 什么是货物运单？
5. 2022 年 12 月 2 日，赵先生在 A 站托运机械设备一批到 B 站，运价里程 1 670 km，计算该货物的运到期限。

项目二 组织整车货物运输

情境描述

情境一：4 月 5 日，四川某化工公司委托该公司一名发运专员王某到黄许镇站发运一批聚酯切片，共计质量 65 t，单件含包装为每件 50 kg。收货人为浙江某化工公司，经办人为李某。该批货物准备发往海宁站（运价里程 2 139 km）。

情境二：5 月 10 日，昌盛物资有限公司的托运人赵某到松江镇拟发运一批散装灰渣(怕湿货物)，70 t，托运人、收货人为同一人。从松江镇站发往金沙湾站（运价里程 2 982 km）。

要求：完成上述货物整车运输。

任务一 整车货物运输作业流程认知

情境任务

要求：描述上述情境一中货物整车运输作业流程。

想一想：结合二维码中的视频，想一想为什么铁路要全力保障电煤、粮食等重点物资的运输?

学习目标

（1）认识整车货物运输作业流程。

（2）认识铁路货物运输环境。

重点物资运输视频
扫码观看

任务计划

序号	工作内容	负责人
1		
2		
3		

引导问题

1. 整车运输基本作业包括哪三项？写出该三项作业的作业车站。

2. 发送作业有哪些环节？

3. 到达作业有哪些环节？

4. 结合自己生活中经历的快递运输，说说铁路整车货物运输过程及其区别。

5. 铁路重点物资运输多采用哪种运输方式完成？铁路全力保障重点物资运输对人民生活有何影响？

知识链接

铁路为完成货物运输任务而进行的基本作业，主要是在车站进行的，按作业流程可分为发送作业、途中作业和到达作业，如图 2-1 所示。

整车货物发送作业是在发站完成，主要作业内容包括提出需求、受理需求、进货、验收保管、装车、制票与承运环节。

途中作业是在货物运输途中发生的各项货运作业。

到达作业在到站完成，主要作业内容包括卸车作业、交付作业及货物损失的处理。

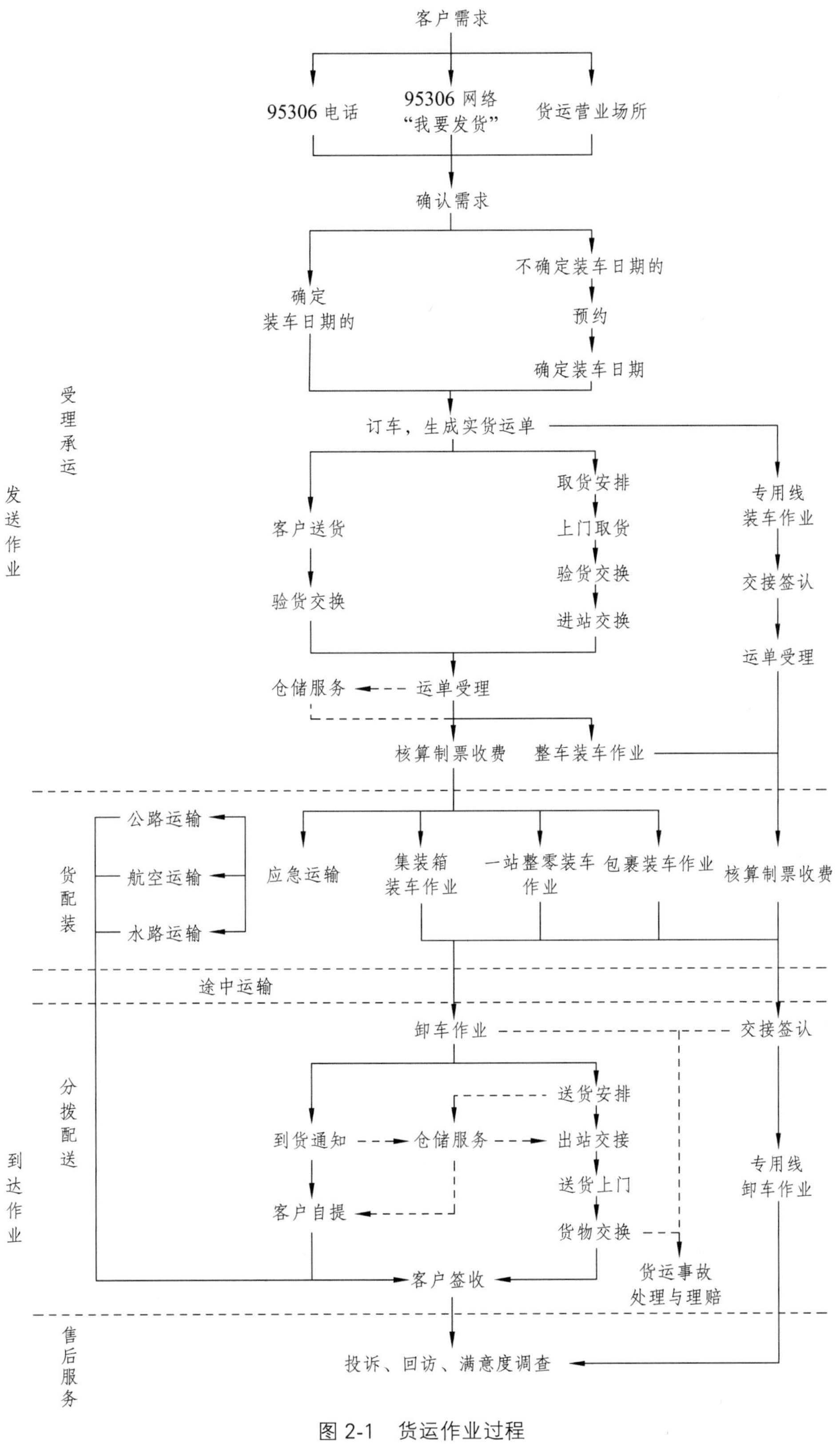
客户需求
95306 电话
95306 网络“我要发货”
货运营业场所
确认需求
确定装车日期的
不确定装车日期的
预约
确定装车日期
受理承运
发送作业
订车，生成实货运单
取货安排
客户送货
上门取货
验货交换
验货交换
进站交换
专用线装车作业
交接签认
运单受理
仓储服务
运单受理
核算制票收费
整车装车作业
公路运输
航空运输
水路运输
货配装
应急运输
集装箱装车作业
一站整零装车作业
包裹装车作业
核算制票收费
途中运输
卸车作业
交接签认
分拨配送
到达作业
送货安排
到货通知
仓储服务
出站交接
送货上门
客户自提
货物交换
专用线卸车作业
客户签收
货运事故处理与理赔
售后服务
投诉、回访、满意度调查

图 2-1　货运作业过程

任务二　托运与受理

情境任务

情境：8 月 1 日，王某带上该公司发运所需的资料以及发运专用章，前往车站咨询并提出需求，在去车站前，提前电话咨询发运所需要准备的资料。

要求：完成情境中货物的托运和受理。

想一想：结合二维码中国铁核心业务完成数字化转型的相关报道，想一想铁路货运开展集中受理的原因，在受理时又需要具备哪些职业素养呢?

学习目标

（1）熟悉货物托运要求。
（2）会受理客户需求。
（3）会审核货物运单。
（4）认识铁路货运信息系统。
（5）培养认真细致的职业素养。

国铁核心业务完成数字化转型的相关报道
扫码观看

任务计划

序号	工作内容	负责人
1		
2		
3		

引导问题

1. 托运提出按整车运输时，该货物能否按一批承运？说明原因。

2. 该货物办理托运的方式有哪些？请你帮助王某在 95306 网站提出运输需求。

3. 若是第一次提出铁路运输需求，请问托运人需准备的资料有哪些?

4. 铁路局集团有限公司货运服务中心在受理该需求时，应审核哪些内容?

5. 若该货物按整车办理，在 95306 网站查询，发站黄许镇站能否办理该货物的发送作业? 写出该站的营业办理限制。

6. 到站海宁站能否办理该货物的到达作业? 写出该站的营业办理限制。

7. 在 95306 网站查询，发到站能否为该货物提供接取送达服务? 若货主提出门到门运输，能否受理?

8. 该货物是否需要托运人提供证明文件? 说明原因。

9. 该批货物的运到期限为几天? 货主提出在 8 月 5 日前运到，能否受理?

10. 货运员在哪个信息系统进行需求受理?

11. 综上，货运员能否受理该货物?

12. 若下图运单为该需求受理后运单，请审核运单填写是否正确。

铁 路 货 运
CHINA RAILWAY FFREIGHT

中国铁路成都局集团有限公司
货 物 运 单

需求号：20210506352

【正本】

托运人	发站（公司）	×××	专用线				货区	
	名称	四川××化工有限责任公司		经办人	王某		货位	
				手机号码	130123××××		车种车号	
	□上门取货	取货地址	德阳市××大街××号	联系电话	130123××××		取货里程（km）	
收货人	到站（公司）	海宁	专用线				运到期限	标重
	名称	浙江××化工有限公司		经办人	李某		施封号	
				手机号码	1301238××××		篷布号	
	□上门送货	送货地址	海宁××路××号	联系电话	1301238××××		送货里程（km）	

付费方式	□现金 □支票 □√银行卡 □预付款 □汇总支付				领货方式	□电子领货	□√纸质领货		装车方	货主	施封方	
货物名称	件数	包装	货物价格（元）	重量（kg）	箱型箱类	箱号	集装箱施封号		承运人确定重量（kg）	体积（m^3）	运价号	计费重量（kg）
聚酯切片	1300	编织袋		50								
合计				65 000								

选择服务	□上门装车	费目	金额（元）	税额（元）	费目	金额（元）	税额（元）
	□上门卸车						
	□保价运输 □装载加固材料 □仓储 □冷藏（保温）						
	其他服务						
增值税发票类型 □普通票	受票方名称： 识别号： 地址电话： 开户行及账号：						
		费用合计		大写	币：		

托运人记事： 8月6日前运到 签章	承运人记事： 货运员 车站日期戳

收货人签章　　车站接（交）货人签章　　制单人　　制单日期

13.受理审核完成后，货运员应做哪些工作?

14. 谈谈你对货运员受理工作的认识，需具备哪些职业素养?

15. 铁路货运受理的服务意识从哪些方面可以体现?

知识链接

一、提出需求

1. 运输需求提报方式

托运人通过各种方式向承运人交运货物，称为托运，即提出货物运输需求。

客户可通过登录 95306 网站、拨打 95306 电话、到货运站现场等方式提报运输需求。运输需求统一通过铁路货运 95306 提报。

2. 运输需求提报

（1）对不确定装车日期的，客户可先提报阶段运输需求，铁路局集团公司统一负责处理。

（2）确定装车日期后，客户可以通过以下三种方式提报日运输需求（订车）:

① 直接提出。

② 使用已通过的阶段运输需求。

③ 使用既有运单。

对于整车货物，客户在提报运输需求时同步生成托运人信息完整的运单。

3. 证明文件

根据中央或省（市）、自治区法令，需凭证明文件运输的货物，托运人应将证明文件与货物运单同时提出，并在货物运单托运人记载事项栏注明文件名称和号码。

需凭证明文件运输的货物，托运人未按规定提出证明文件，承运人应拒绝受理。托运人应对其提出的证明文件的真实性负责。

需要出示证明文件的货物，一般有以下几类:

（1）物资管制方面的货物，如托运麻醉品、枪支、民用爆炸品，必须提出医药、公安部门的证明文件。

（2）卫生检疫方面的货物，如托运种子、苗木、动物和动物产品，应提出动、植物检疫部门的证明文件。

（3）物资运输归口管理方面的货物，如托运烟草、食用盐、酒类应提出物资管理部门的证明文件。

（4）国家行政管理方面的货物，如进出口部门规定须凭运输许可证运输的物品，应提出运输许可证。

4. 实名制

车站应落实货物运输实名制。托运人为个人的，查验托运人身份证原件，留存复印件；托运人为单位的，查验营业执照、经办人身份证原件，留存营业执照、经办人身份证复印件及注明经办人信息、联系方式、联系地址及所用印章的证明材料。承运零散快运货物时，车站查验经办人身份证原件，留存经办人身份证复印件或采集影像资料。

二、受　理

（1）货源核实。

① 了解客户需求，判断业务类型，根据需求进行初步报价，提供相关业务建议，对无法满足客户需求的，要主动与客户沟通，并说明原因。

② 了解详细需求信息，主要包括客户、货物、运输和两端物流信息。

（2）车站对客户提报的需求实货核实，在电商系统确认后，进行运单受理。

车站受理托运人提出的货物运单时，应认真审查货物运单内填记的事项是否符合铁路运输条件，审查的主要内容有：

① 检查需求信息是否完整、准确。

② 审核发到站办理限制、起重能力、专用线办理范围、危险货物办理限制、临时停限装、特定运输条件、接取送达等信息。

③ 审核证明文件、技术资料等原件，采集影像资料，并在证明文件背面注明托运货物数量，加盖车站日期戳，退还托运人或按规定存查。

④ 运单受理通过前对成组或整列运输的运单需求联进行标识。

⑤ 选择添加承运人标准记事和运输戳记，填记装载加固方案号码、费用浮动项目号及相关记事。

⑥ 国际联运出口（含过境）运输，还需审核客户是否在电商系统中填制国际联运单，即客户提供的纸质国联运单是否有电商系统生成的8位国联运单号，纸质运单托运人填记部分的各栏内容是否与电商系统中填记的一致。

知识拓展

95306查询车站营业办理限制视频
扫码观看

货物运单填制说明

（1）货物运单右上角打印运单号码和对应的条形码。运单号码由5位字母（3位车站电报码，1位票种代码，1位窗口代码）和7位数字（7位循环顺序号）组成。运单上的条形码，供自动识别。

（2）根据托运人选择的运输方式，在货物运单右上角分别自动打印“整车、集装箱、批量、零散”等字样。

（3）货物运单左上角打印铁路货运统一标识、App下载应用的二维码等相关内容。货物运单底部打印收货人签章、车站接（交）货人签章、制单人、制单日期等栏目。货物运单框内左半部分为托运人填写部分，右半部分为承运人填写部分，以黑色加粗折线分隔。

（4）托运人填写部分说明：带“*”的栏目为必填项。

表 2-1　货物运单填制说明

栏号	栏目名称		内容填写说明
1	托运人	发站（公司）*	发站按《铁路货物运价里程表》规定的站名完整填记，不得简称。（公司）名，为系统自动生成
2		专用线	在专用线或专用铁路装车时，填写该专用线全称
3		名称*	填写托运单位的完整名称，如托运人为个人，应填记托运人姓名和身份证号码
4		经办人	填写经办人姓名。姓名超过 5 个汉字时，根据经办人要求填记姓名简称，并在托运人记事栏内填记姓名全称
5		手机号码	填写经办人手机号码
6		取货地址	选择上门取货服务时，应详细填写取货地点所在省、市、自治区城镇街道和门牌号码或乡、村名称及取货联系人姓名
7		联系电话	选择上门取货服务时，应填写取货联系人电话号码
8	收货人	到站（公司）*	到站按《铁路货物运价里程表》规定的站名完整填记，不得简称。（公司）名，为系统自动生成
9		专用线	在专用线或专用铁路卸车时，填写该专用线全称
10		名称*	填写收货单位的完整名称，如收货人为个人时，则应填记收货人姓名
11		经办人	填写经办人姓名。姓名超过 5 个汉字时，根据经办人要求填记姓名简称，并在托运人记事栏内填记姓名全称
12		手机号码	填写经办人手机号码
13		送货地址	选择上门送货服务时，应详细填写送货地点所在省、市、自治区城镇街道和门牌号码或乡、村名称及收货联系人姓名
14		联系电话	选择上门送货服务时，应填写收货联系人电话号码
15	付费方式*		客户可选择现金、支票、银行卡、预付款、汇总支付等方式，选择汇总支付或预付款的，应填写汇总支付或预付款的凭证号码
16	领货方式*		客户可选择纸质领货或电子领货，选择电子领货时，须设置领货经办人身份证号码、领货密码等信息
17	货物名称*		应按《铁路货物运价规则》附件三“铁路货物运输品名检查表”，危险货物则按《铁路危险货物品名表》所列的货物名称完整、正确填写。托运危险货物并应在品名之后用括号注明危险货物编号。“铁路货物运输品名检查表”或《铁路危险货物品名表》内未经列载的货物，应填写生产或贸易上通用的具体名称，但须用《铁路货物运价规则》附件一“铁路货物运输品名分类与代码表”相应类项的品名加括号注明。 按一批托运的货物，不能逐一将品名填记在货物运单内时，须另填物品清单，承运后由车站打印一式两份，加盖车站承运日期戳，托运人签章，一份由发站存查，一份交托运人。 需要说明货物规格、用途、性质的，在“货物描述”中加以注明

续表

<table>
<tr><th>栏号</th><th colspan="2">栏目名称</th><th>内容填写说明</th></tr>
<tr><td>18</td><td colspan="2">件数*</td><td>应按货物名称及包装种类，分别记明件数，“合计件数”栏填写货物的总件数。
承运人只按重量承运的货物，则在本栏填记“堆”“散”“罐”字样</td></tr>
<tr><td>19</td><td colspan="2">包装</td><td>记明包装种类，如“木箱”“纸箱”“麻袋”“条筐”“铁桶”“绳捆”等。按件承运的货物无包装时，填记“无”字。使用集装箱运输的货物或只按重量承运的货物，本栏可以省略不填</td></tr>
<tr><td>20</td><td colspan="2">货物价格（元）</td><td>应填写该项货物的实际价格，全批货物的实际价格为确定货物保价金额的依据（托运人选择保价运输时，为必填项）</td></tr>
<tr><td>21</td><td colspan="2">重量（kg）*</td><td>应按货物名称及包装种类分别将货物实际重量（包括包装重量）用千克记明，“合计重量”栏，填记该批货物的总重量</td></tr>
<tr><td>22</td><td colspan="2">箱型箱类</td><td>箱型填集装箱对应箱型，如“20”“25”“40”“45”“50”。箱类填集装箱对应箱类，如“通用标准箱”“35 t 敞顶箱”等</td></tr>
<tr><td>23</td><td colspan="2">箱号</td><td>填写包括箱主代码在内的 11 位集装箱箱号</td></tr>
<tr><td>24</td><td colspan="2">集装箱施封号</td><td>填写集装箱的铁路施封锁号码</td></tr>
<tr><td>25</td><td rowspan="4">选择服务</td><td>上门装车</td><td>选择上门装车的，需详细填记货物单件规格、重量等特约事项</td></tr>
<tr><td>26</td><td>上门卸车</td><td>选择上门卸车的，需详细填记货物单件规格、重量等特约事项</td></tr>
<tr><td>27</td><td>保价运输、装载加固材料、仓储、冷藏(保温)</td><td>托运人根据需要选择相应服务</td></tr>
<tr><td>28</td><td>其他服务</td><td>托运人、承运人双方认可的其他服务事项</td></tr>
<tr><td>29</td><td colspan="2">增值税发票类型</td><td>需要开具增值税发票的，选择填记“普通票”“专用票”，并填记受票方名称、纳税人识别号、地址、电话、开户行及账号等信息</td></tr>
<tr><td rowspan="2">30</td><td colspan="2">托运人记事</td><td>填写需要由托运人声明的事项。例如：
1. 货物状态有缺陷，但不致影响货物安全运输，应将其缺陷具体注明。
2. 需要凭证明文件运输的货物，应将证明文件名称、号码及填发日期注明。
3. 托运人派人押运的货物，注明押运人姓名和证件名称及号码。
4. 托运易腐货物或“短寿命”放射性货物时，应记明容许运输期限。选择冷链（保温）运输时，应记明具体运输条件、要求。
5. 使用自备货车或租用铁路货车在营业线上运输货物时，应记明“××单位自备车”或××单位租用车”。使用自备篷布时，应记明自备篷布号码。
6. 国外进口危险货物，按原包装托运时，应注明“进口原包装”。
7. 托运零散快运货物时，应注明单件最大重量和单件最大长、宽、高。
8. 托运人要求办理铁路货物运输保险时，应注明“已投保运输险”。
9. 其他按规定需要由托运人在运单内记明的事项。
10. 经办人姓名超过 5 个汉字时，应填记姓名全称</td></tr>
<tr><td colspan="2">签章*</td><td>托运人于货物运单打印完毕，并确认无误后，在此栏盖章或签字</td></tr>
</table>

（5）承运人填写部分说明。

栏号	栏目名称	内容填写说明
31	货区	填写货物堆存货区
32	货位	填写货物堆存货位
33	车种车号	填写货物装载的铁路货车车种、车型和车号
34	取货里程/km	根据托运人填写的取货地址确定的取货里程
35	运到期限	填写按规定计算的货物运到期限日数
36	标重	填写铁路货车对应的标记载重
37	施封号	填写货车的施封号码
38	篷布号	填写所苫盖的铁路货车篷布号码
39	送货里程/km	根据托运人填写的送货地址确定的送货里程
40	装车方	根据装车组织人，填写“托运人”或“承运人”
41	施封方	根据施封负责人，填写“托运人”或“承运人”
42	承运人确定重量/kg	除一件重量超过车站衡器最大称量的货物外，其他货物由承运人确定货物重量，按货物名称及包装种类分别填记。“合计重量”栏填记该批货物总重量
43	体积/m^3	按货物名称及包装种类分别填记。“合计体积”栏填记该批货物总体积
44	运价号	填记货物名称对应的运价号
45	计费重量/kg	整车货物填记货车标记载重或规定的计费重量；零散货物填记按规定处理尾数后的重量或起码重量
46	费目、金额/元、税额/元	按规定的计费科目及费用填写
47	费用合计	填写所有费用合计的小写金额
48	大写	填写所有费用合计的大写金额
49	承运人记事	填记需要由承运人记明的事项： 1. 货车代用记明批准的代用命令。 2. 途中装卸的货物，记明计算运费的起讫站名。 3. 需要限速运行的货物和自有动力行驶的机车，记明铁路局集团公司承认命令。 4. 对危险货物或鲜活货物，应按货物性质，在记事栏中选择“爆炸品”“氧化性物质”“毒性物质”“腐蚀性物质”“易腐货物”等记事，以及经铁路局集团公司批准按普通货物运输的危险货物记载事项。 5. 机械冷藏等有工作车的成组货车装车时，记载工作车车号。 6. 托运人要求办理铁路货物运输保险时，应记载保险单号码。 7.“卸货时间”由到站按卸车完毕的时间填写。 8.“通知时间”按发出领货（送货）通知的时间填写。 9. 填写“到站收费票据号码”和“领货人身份证号码”。 10. 需要由承运人记明的其他事项
50	签章	收货人签章：收货人领货时签字或盖章。 车站接（交）货人签章：发站上门取货人员名章、到站上门送货人员名章

拓展任务

判定情境二中货物能否受理，并说明理由。

任务三　接收货物

情境任务

8 月 3 日，王某将 1 300 件货物送至黄许镇站，编织袋包装，外包装上有如下标记。

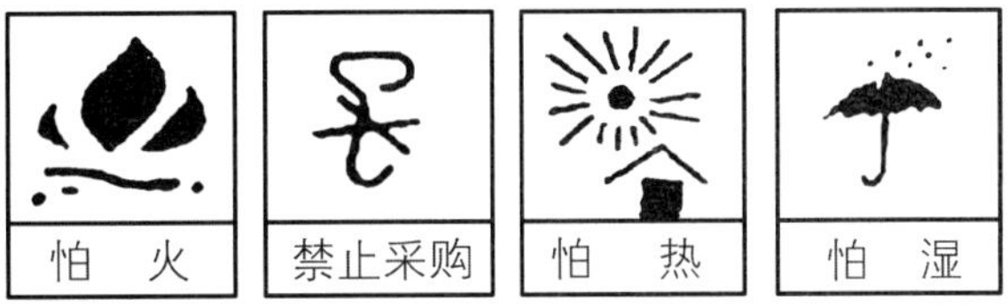

车站衡重货物重量为 66 t。

要求：完成情境中货物的接收。

想一想：在接收货物时，如果货运员没有认真检查，该批货物中部分货物破损但未发现，造成的货物损失由谁承担？对我们又有何启示？

学习目标

（1）熟悉进货、验收、保管的作业要求；

（2）会按规定接收货物；

（3）会进行货物堆码；

（4）认识铁路货运信息系统；

（5）培养认真细致的职业素养。

任务计划

序号	工作内容	负责人
1		
2		
3		

引导问题

1. 货物送到车站前，在什么系统进行货区货位分配？

2. 车站进货凭证有哪些?

3. 在货运员验收货物时，应按运单需求联核对并检查哪些项目?

4. 该批货物是否需要验收件数和重量?

5. 该批货物承运重量为多少吨? 请说明原因。

6. 该批货物验收后，存放于货场仓库内，应如何堆码?

7. 货物在仓库存放时，有哪些注意事项?

8. 为保证接收货物作业不出差错，货运员应具备哪些职业素养?

知识链接

一、进　货

客户送货：车站和客户协商送货时间，确定送货地点和日期等。车站凭进货通知、纸质运单需求联或需求号接收货物。在铁路货运站安全监控与管理系统（以下简称货运站系统）分配货区货位，确认货物进齐。

上门取货：接取送达系统接受电商系统推送的物流需求信息，铁路局物流服务部门联系客户落实取货具体时间和地点，组织物流企业上门接取货物。货物接取至装车地点后，与车站交接货物。

二、验　收

验收车站接收货物时，应对品名、件数、重量、运输包装、标记及加固材料等进行检查，确认符合运输要求，并同意货物进入场、库指定的货位。

需要检查的内容主要如下。

1. 货物名称、件数、重量是否与运单需求联相符

货物名称应与《铁路货物运输品名及检查表》中的货物名称一致。在运输过程中，保证

货物重量和件数的完整是承运人必须履行的义务，因此铁路相关管理部门明确规定了货物件数和重量的范围。

整车货物原则上按件数和重量承运。

有些非成件货物或一批货物件数过多而且规格不同，在货运作业过程中，点件费时费力的货物，则不计件数，只按重量承运。如：

（1）散堆装货物。

（2）成件货物规格相同（规格在 3 种以内视为相同），一批数量超过 2 000 件。

（3）成件货物规格不同，一批数量超过 1 600 件。

有些货物价值较高，无论其规格是否相同，按一批托运时，每件平均重量在 10 kg 以上的货物，只要托运人能按件点交给车站的，承运人都应按件数和重量承运。如：钟表、中西成药、纺织品、医疗器械、电视机、照相机等。

铁路运输货物，除一件重量超过车站衡器最大称量的货物外，由承运人确定重量。

货物重量（包括货物包装重量）的确定，必须准确。

2. 货物的状态是否良好

货物如有缺陷，但不影响货物安全的，可由托运人在货物运单内具体注明后托运。

3. 货物的运输包装和标志是否符合规定

货物的运输包装是保证货物运输安全的主要条件，也是托运人应尽的义务之一。托运

人托运货物时，应根据货物的性质、货物的重量、运输种类、气候及货车装载等条件，使用符合运输要求、便于装卸和能保证货物安全的运输包装。

托运的货物，应按国家包装标准或行业标准进行包装。若没有统一规定包装标准，车站应会同托运人研究制订货物运输包装暂行标准，并共同执行。对于需要试运货物的运输包装，除有特殊规定者外，车站可与托运人商定条件，组织试运。货物的运输包装不符合运输要求时，应由托运人改善后方可承运。

某些货物由于其易碎、怕湿、怕热等性质，在运输和装卸搬运过程中需要特别注意，因此，在货物包装上要做好包装储运图示标志，货件上与本批货物无关的运输标记和包装储运图示标志，托运人必须撤除或抹消，具体如图 2-2 所示。

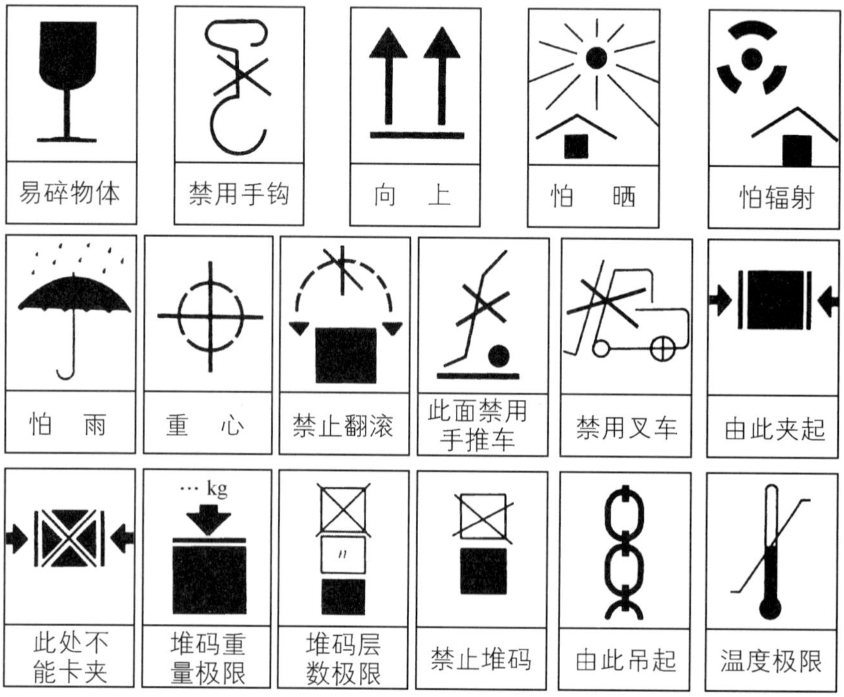

图 2-2 包装储运图示标志

4. 装载整车货物所需的货车装备物品或货物加固材料是否齐全

装载整车货物所需的货车装备物品（禽畜架、篷布支架、粮谷挡板、饲养用具、防寒棉被、苫垫物品）和货物加固材料由托运人准备，并应在货物运单托运人记载事项栏内记明其名称和件数，在到站连同货物一并交付收货人。货车装备物品和货物加固材料由承运人代为准备的，核收装载加固材料费。

三、保 管

货物验收完毕，一般不能立即装车，需在货场内存放，即为仓储保管。整车货物可根据协议进行仓储保管。

凡存放在装卸场所内的货物，应距离货物线钢轨外侧 1.5 m 以上，并应堆放整齐、稳固。

货物堆码应按照《铁路运输货物堆码标准》和包装指示标志进行，做到轻拿轻放、大不压小、重不压轻、稳固整齐、标签向外、按批分清。纸箱包装要箱口向上，液体货物封口向上。怕湿货物露天堆码时地面要进行防湿铺垫，上部要起脊并苫盖严密。货垛码放形状要便于清点保管和下一道工序的装卸、搬运。

货物距钢轨头部外侧要保持 1.5 m 以上，并不得侵入轨行式机械走行安全警示线。站台上堆码货物，货垛与站台边沿距离不得小于 1 m。货垛之间应留出机械或人行通道，机械通道宽度不小于机身宽度 1.3 倍，人行通道宽度不少于 1 m。货垛距电源开关、消防设施等不得少于 2 m。

易滚动的货物应垂直于线路堆放，平顺整齐，打掩挤牢，防止磕碰挤压，不应斜插交错，不得在货物上登爬、坐卧、站立和走动。

知识拓展

一、上门取货方式接收货物

（一）物流人员上门取货

接取送达系统接收电商系统或零散快运平台推送的物流需求信息，铁路局集团公司组织物流企业上门接取货物。物流服务部门联系客户落实取货的具体时间和地点，安排人员、车辆上门服务，并将服务轨迹信息录入货运电子商务系统。

（二）与客户办理货物交接

（1）对能够点清件数的货物，取货人员与客户按件办理交接；对无法点清件数的货物，按重量交接，称重地点由双方约定。

（2）接收客户自助打印的运单，或向客户提供根据订车情况生成并打印好的运单。

（3）根据相关规定受理运单，校验运单内容，检查特殊品类的发运资质、证明材料等齐全、有效，在货物运单上加盖有关戳记，双方现场交接签认。

（三）货物进站交接

（1）对能够点清件数的货物，取货人员与车站货运人员按件办理交接；对无法点清件数的货物，取货人员与车站货运人员按重量办理交接。若发现货损货差，及时编制记录。

（2）取货人员与车站货运人员交接签认。

将货物接取至装车地点后，与车站交接货物，运单需求联状态变为“已接取”。

二、《铁路安全管理条例》中货物运输安全的相关规定

（1）铁路运输托运人托运货物、行李、包裹，不得有下列行为：

① 匿报、谎报货物品名、性质、重量。② 在普通货物中夹带危险货物，或者在危险货物中夹带禁止配装的货物。③ 装车、装箱超过规定重量。

（2）铁路运输企业应当对承运的货物进行安全检查，并不得有下列行为：

① 在非危险货物办理站办理危险货物承运手续。② 承运未接受安全检查的货物。③ 承运不符合安全规定、可能危害铁路运输安全的货物。

任务四　装车作业及承运

情境任务

情境：昌盛物资有限公司，5 月 10 日，托运人赵某(身份证号：51010419870321××××)到松江镇拟发运一批散装灰渣，70 t，托运人、收货人同一人。敞车发运，从松江镇站发往金沙湾站。承运人装车。运价里程 2 982 km。C_{70} 1574572 一辆装载。

任务：完成灰渣的装车作业及制票承运。

想一想：装车作业从环保、效率、安全方面来看如何做得更好?

学习目标

（1）掌握装车前的检查内容。
（2）了解货物装车基本要求。
（3）了解货物装载、堆码要求。
（4）掌握货车施封、篷布苫盖的规定。
（5）能按规定，安全组织成件和散堆装货物装车作业。
（6）能施封货车，苫盖篷布。
（7）认识货票系统。
（8）培养吃苦耐劳劳动素养。

任务计划

序号	工作内容	负责人
1		
2		
3		

引导问题

一、装车前检查

1. 仔细观察下面的图片，填写下表，完成装车前检查作业。

图 2-3　货车

图 2-4　货车车门

图 2-5　货物

铁 路 货 运
CHINA RAILWAY FFREIGHT

中国铁路沈阳局集团有限公司

货　物　运　单

【正本】

需求号：20210506352

托运人	发站（公司）	松江镇（沈）	专用线		
	名称	××物资有限公司		经办人	赵某
				手机号码	1301234××××
	□上门取货	取货地址		联系电话	
收货人	到站（公司）	金沙湾	专用线		
	名称	赵某		经办人	1301234××××
				手机号码	
	□上门送货	送货地址		联系电话	

货区	2		
货位	2-3		
车种车号	C70 1574572		
取货里程（km）			
运到期限	13	标重	70t
施封号			
篷布号			
送货里程（km）			

付费方式□现金　□支票　□银行卡　□预付款　□汇总支付	领货方式	□电子领货	□纸质领货	装车方	货主	施封方

货物名称	件数	包装	货物价格（元）	重量（kg）	箱型箱类	箱号	集装箱施封号	承运人确定重量（kg）	体积（m³）	运价号	计费重量（kg）
灰渣				70 000				70 000			
合计				70 000				70 000			

选择服务	□上门装车	
	□上门卸车	
	□保价运输　□装载加固材料　□仓储　□冷藏（保温）	
	其他服务	
增值税发票类型 □普通票	受票方名称： 识别号： 地址电话： 开户行及账号：	
托运人记事： 签章		

费目	金额（元）	税额（元）	费目	金额（元）	税额（元）
费用合计		大写	币：		
承运人记事： 货运员　　车站日期戳					

收货人签章　　车站接（交）货人签章　　制单人　　制单日期

图 2-6　运单

检查内容	检查要点	是否合格

2. 若检查某项不合格，请说明违章原因。

____

二、装车作业

图 2-7

图 2-8

1. 装车作业有哪些安全防护要求？

____

____

2. 装车过程中有哪些装载要求？

____

____

3. 为何需要喷洒抑尘剂？

____

____

4. 散堆装货物装车后线路两侧和车体外侧图片如下，是否符合规章要求？应如何处理？

图 2-9

图 2-10

5. 下面的图片在进行装车后的哪个环节？请说明该作业的必要性。

图 2-11

6. 下图和上图作业有何不同，体现了什么？

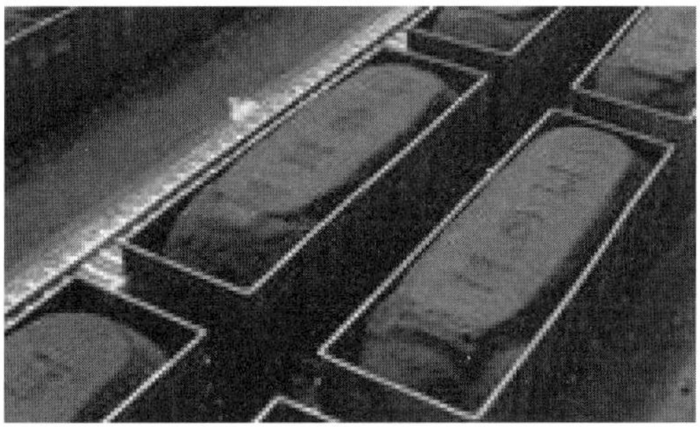

图 2-12

三、装车后检查

图 2-13

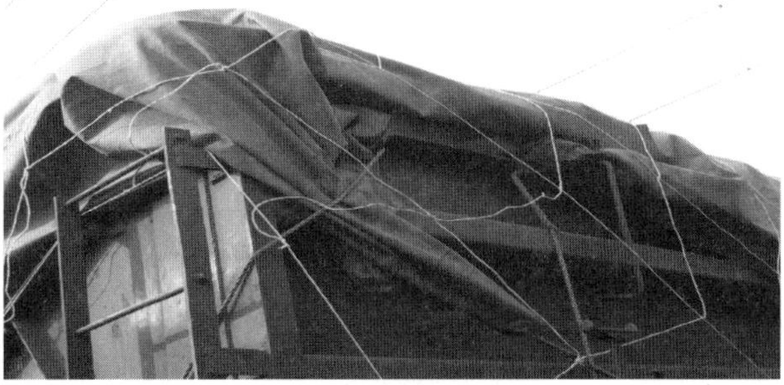

图 2-14

1. 仔细观察上面的图片，填写下表，完成装车后检查作业。

检查内容	检查要点	是否合格

2. 若检查某项不合格，请说明违章原因。

____

____

四、谈谈装车作业环保要求的体现。

____

____

五、谈谈你对装作业安全要求和规范作业的认识。

____

____

六、什么是承运？承运有何意义？

____

知识链接

装车作业是铁路货物运输工作的一个重要环节。装车质量直接影响到货物安全、货物运送速度、车辆周转时间以及列车运行安全。因此，合理使用货车、合理组织劳动力和装卸机械、遵守装车作业规章制度和作业程序，对顺利完成装车作业具有重要意义。

一、装卸作业责任的划分

货物装车和卸车的组织工作，在车站公共装卸场所以内由承运人负责。

但以下货物均由托运人或收货人负责组织装车或卸车：

（1）罐车运输的货物。

（2）冻结易腐货物。

（3）未装容器的活动物、蜜蜂、鱼苗。

（4）一件重量超过 1 t 的放射性同位素。

（5）用人力装卸带有动力的机械和车辆。

其他货物由于性质特殊，经托运人或收货人要求，并经承运人同意，也可由托运人或收货人组织装车或卸车。

二、合理调配使用货车

货车是铁路货物运输的主要工具，使用是否正确，直接影响行车安全、货物质量、车辆完整以及车辆运用效率。合理使用车辆的原则是：车种适合货种、车吨配合货吨。

承运人应按照运输合同约定的车种拨配适当的车辆。承运人如无适当货车拨配，在征得托运人同意、保证货物安全、货车完整和装卸作业方便的条件下可以代用。以长大货物车、冷藏车代替其他车辆及改变罐车使用范围时，应经国铁集团承认；其他车辆代替棚车时，应经铁路局集团公司承认。

车辆代用必须符合《铁路货物装载加固规则》中“货车使用限制表”的规定，如表 2-2 所示。对保密物资、涉外物资、精密仪器、展览品，能用棚车装运的必须使用棚车装运，不得用其他货车代替。

表 2-2 货车使用限制表

顺号	车种 限制条件 货物名称	棚车	敞车	底开门车	有端侧板平车	无端侧板平车	有端板无侧板平车	铁地板平车	共用车	备注
1	散装的煤、灰、焦炭、砂、石、土、矿石、砖	×				×	×	×	×	无端侧板平车或有端板（渡板）无侧板平车（共用车除外），在使用围挡并安有支柱时，可装运煤、灰、砂、石、土、砖
2	金属块			×		×	×	×	×	无端侧板平车或有端板（渡板）无侧板平车（共用车除外），在使用围挡并安有支柱时，可装运散装的金属块
3	空铁桶				×	×	×	×	×	应加固并外罩绳网
4	木材				×	×	×	×	×	
5	超长货物	×	×	×				×		
6	超限货物	×		×				×		
7	钢轨	×		×				×		
8	组成的机动车辆	×	×	×				×		组成的摩托车、手扶拖拉机及小型车辆可使用棚车，在到站有起重能力时，可使用敞车

注：×——不准使用的车种。

三、安设防护信号

在货物线上进行装卸作业，须按下列规定安设带有脱轨器的红色防护信号牌（夜间及昼间能见度较低时，为红色信号灯）。

装卸作业前，装卸工组应在货物线两端来车方向左侧钢轨上设置带脱轨器的固定或移动式防护信号（尽头线路只在来车一端防护）。移动式防护信号设置在距离车列不小于 20 m 处；

作业车停留位置距警冲标不足 20 m 时，防护信号设在与警冲标相齐处。

各作业工组（有专人负责设置、撤除 防护信号除外）应在防护信号上锁挂工组标识，作业完毕及时摘除。除作业工组（或专人）外，其他人员无权撤除防护信号。

防护信号牌须清洁明亮(反光膜或刷反光漆)，规格为宽 380 mm、高 300 mm，四周 25 mm 宽白边，面板厚度 2 mm 以上，边距轨面 900 mm。脱轨器要具备锁闭功能。

四、装车前的检查

为了使装车工作顺利进行，保证装车工作质量，货运员在装车前一定要做好“三检”工作。

1. 检查货物运单

检查货物运单记载内容是否符合运输要求，有无误漏填或错填。

2. 检查袋装货物

按照运单记载，认真核对待装货物品名、件数，检查标志、标签和货物状态是否符合要求。

3. 检查货车

检查货车的车体(包括透光检查)、车门、车窗、盖阀是否完整良好，车内是否干净，是否被毒物污染。货车定检是否过期，有无扣修通知、色票、货车洗刷回送标签或通行限制。在装载粮食、医药品、食盐、鲜活货物、饮食品、烟草制品以及有押运人押运的货物等时，还应检查车内有无恶臭异味。发现有不符合使用标准的情况，应采取适当措施，必要时应更换车辆。

货车结构图文
扫码观看

装车前三检，发现货车损坏不能使用的，填记纸质“不良货车通知单”（运统 25），递送车站签收，在现车上标打货车损坏标记；发现系统显示车号与实际现车不一致的，通知行车部门处理；发现空车带有电子票据的，由车站按票车不符流程处理；发现实际货物名称与运单需求联或物品清单记载不一致的，不得装车。

五、装车作业要求

装车作业应保证货物、货车的完整和行车安全，充分利用货车载重力和容积，遵守装载加固技术要求，安全、迅速、合理、经济地运输货物。

1. 对货物装载重量的要求

货车装载的货物重量（包括货物包装、防护物、装载加固材料及装置）不得超过货车容许载重量。

货车容许载重量（$P_{容}$）包括以下三部分重量：

（1）货车标记载重量（$P_{标}$）。

（2）特殊情况下可以多装的重量（$P_{特}$）。

由于货物包装、防护物重量影响货物净重，或机械装载不易计算件数的货物装车后减吨确有困难时，可以多装，但不得超过货车标记载重量的 2%。

（3）货车的允许增载量（$P_{增}$）。

根据现行规定，货车的允许增载量为：

① 使用 60 t 平车装运军运特殊货物，允许增载 10%。

② 国际联运的中、朝、越铁路货车（C70 型系列、C76 型系列、C80 型系列货车除外），以标记载重量加 5%为货车容许载重量。

③ 涂打禁增标记的货车不准增载。以下车种车型不允许增载，如表 2-3 所示。

表 2-3 不允许增载的货车车型

序号	车种车型
1	企业自备车中标记载重 60 t 级敞车外的其他车种车型
2	P_{62K}、P_{62T}、P_{70} 等型棚车
3	N_{17K}、N_{17AK}、N_{17AT}、N_{17GK}、N_{17GT}、N_{17T} 等型平车
4	罐车（G）、矿石车（K）、家畜车（J）、水泥车（U）、粮食车（L）、保温车（B）、集装箱车（X）、共用车（NX）、毒品车（W）、长大货物车（D）以及长钢轨运输车（T）
5	涂打有禁增标记的货车
6	C_{70}（含 C_{70H}、C_{70A}、C_{70C}、C_{70E}、C_{70EH}、C_{70EF}、C_{70B}、C_{70BH}），C_{76}（含 C_{76H}、C_{76A}、C_{76B}、C_{76C}），C_{80}（含 C_{80H}、C_{80A}、C_{80AH}、C_{80B}、C_{80BH}、C_{80BF}、C_{80C}、C_{80CA}）型货车

④ 增载货车车型、适装货物品类、最大允许增载量按表 2-4 执行。

表 2-4 增载货车车型、适装货物品类及允许增载重量

序号	增载货车车型	适于增载货物品类	最大允许增载
1	C_{62BK}、C_{62BT}、C_{64A}、C_{64H}、C_{64K}、C_{64T} 型敞车	《铁路货物运价规则》附件一中 01 类煤，03 类焦炭，04 类金属矿石中 0410 铁矿石、0490 其他金属矿石，05 类 0510 生铁，06 类非金属矿石中 0610 硫铁矿、0620 石灰石、0630 铝矾土、0640 石膏，07 类磷矿石，08 类矿物性建筑材料中 0811 中泥土、0812 砂、0813 石料、0898 灰渣等中的散堆装货物	3 t
2	C_{62BK}、C_{62BT}、C_{64A}、C_{64H}、C_{64K}、C_{64T} 型敞车	除序号 1 所述品类外的其他适合敞车装运的货物	2 t
3	C_{62AK}、C_{62Ar} 型敞车	适合敞车装运的货物	2 t
4	企业自备车中标记载重 60 t 级敞车	《铁路货物运价规则》附件一中 01 类煤	2 t
5	P_{62NK}、P_{62NT}、P_{63}（含 P_{63K}）、P_{64}（含 P_{64A}、P_{64AK}、P_{64AT}、P_{64GH}、P_{64GK}、P_{64GT}、P_{64k}、P_{64T}）、P_{65}（含 P_{65S}）型棚车	适合棚车装运的货物	1 t（快速货物班列中 P_{65} 的装载重量按有关规定执行）

2. 对货物装载高度和宽度的要求

货物装载的高度和宽度，除超限货物和有特定者外，均不得超过机车车辆限界或特定区段装载限界。

3. 其他要求

略。

六、货车施封和篷布的使用

1. 货车施封

货车施封是为保证货物安全和完整，便于交接和划分运输责任。

使用棚车、冷藏车、罐车、集装箱运输的货物，由组织装车或装箱单位负责在货车或集装箱上施封。但派有押运人的货物，需要通风运输的货物以及组织装车单位认为不需施封的货物（集装箱运输的货物除外），可以不施封。

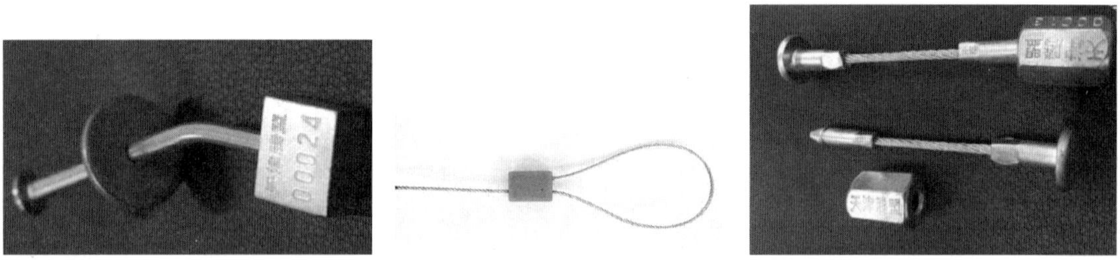

（a）棚车锁　（b）罐车锁　（c）集装箱锁

图 2-15　施封锁

施封的货车应使用粗铁线将两侧车门上部门扣和门鼻拧固并剪断燕尾，在每一车门下部门扣处施施封锁一枚（见图 2-15）。施封后，须对施封锁的锁闭状态进行检查，确认落锁有效，车门不能拉开。施封的货车应在货物运单或者货车装载清单和货运票据封套上记明F施封号码（如 F146355、F146356）。

发现施封锁有下列情形之一的，即按失效处理：

（1）钢丝绳的任何一端可以自由拔出，锁芯可以从锁套中自由拔出。

（2）钢丝绳断开后再接的，重新使用。

（3）锁套上无站名、号码，站名或号码不清、被破坏。

2. 篷布的使用

篷布是铁路货车辅助用具，按产权分为铁路篷布和自备篷布。铁路篷布是承运人提供的篷布，自备篷布是托运人购置的篷布。

篷布编号由国铁集团运输局统一公布。铁路篷布采用 7 位编号，第 1 位是生产年份，后 6 位为顺序号。自备篷布采用 9 位编号，前 4 位为生产年份和月份，后 5 位为顺序号。

篷布的使用条件：

（1）篷布仅用于苫盖敞车装运的怕湿、易燃货物或其他需要苫盖篷布的货物。毒害品、腐蚀性物品及污染性物品不得使用铁路篷布。苫盖易于损坏篷布的货物时，装车单位须采取防护措施，防护材料由托运人提供。

（2）铁路篷布不得外借或挪作他用。发现时须进行纠正，并按规定核收篷布延期使用费。

（3）装车使用的篷布必须质量良好，篷布绳齐全，标记、号码完整清晰。篷布不得横苫、垫车、苫在车内。

篷布的运用：

（1）发站使用篷布前，应逐张检查质量。使用铁路篷布时，将篷布号码填记在货物运“铁路货车篷布号码”栏内；使用自备篷布时，应在货物运单“铁路货车篷布号码”栏内划“⑧”符号，并检查托运人是否在货物运单“托运人记载事项”栏内注明自备篷布号码。

（2）苫盖篷布的敞车必须在发站加盖篷布绳网，使用篷布绳卡。篷布绳网、篷布绳卡由托运人自备，限一次性使用。

（3）装车后，车站应按《货车篷布苫盖方法》检查篷布苫盖质量，发现问题及时处理，货物沉降、篷布松脱时须整理。

货车篷布苫盖方法演示视频
扫码观看

七、货车表示牌

货车表示牌（见图 2-16）是给车站调车人员起提示作用的，以防事故发生。按规定需要“禁止溜放”或“限速连挂”的货车，装车站应在其两侧插挂货车表示牌，由到站卸车完毕后撤除。

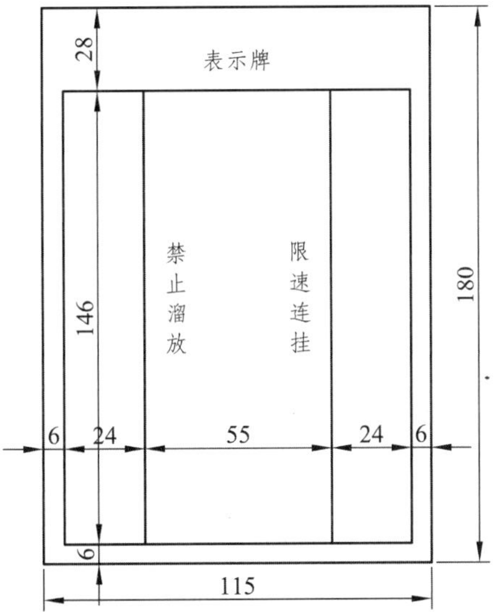

图 2-16　货车表示牌

八、装车后检查

为了保证正确运送货物和行车安全，监装货运员需进行装车后的“三检”，具体包括以下内容。

1. 检查车辆装载

检查有无超重、偏重、超限现象：货物装载是否稳妥、捆绑是否牢固、施封是否符合要求，货车表示牌插挂是否正确。对敞车，要检查车门插销、底开门搭扣、篷布苫盖和捆绑等情况。对超长、超限、集重货物，检查是否按规定的装载加固方案进行装载加固，超限货物还须根据装载方案测量装车后的尺寸。

根据超偏载检测装置检测结果，对严重的超偏载货车，应通知货检和列检人员联合检查，车辆技术状态正常不危及行车安全的，要做好记录，重点监控运行；危及行车安全的，须立即扣车，换装整理后，方能挂运。

2. 检查电子运单

车站在货票系统中核对“已装车”的整车运单有无漏填和误填，车种、车号和货票系统中的运单、货运票据封套记载是否与实际情况一致。

计费承运前，如果发现货车运单承运人填记信息不准确、不完整的，应在货运站系统进行取消操作，重新进行装车作业。

3. 检查货位

检查货位有无误装或漏装。装车后，实际货物件数、重量与运单需求联或物品清单记载不一致时，按实际装车的货物件数、重量修改运单和物品清单。

超限超重货物运输，发站在货运站系统编制超限超重货物运输记录后，进行打印、签认留存。装车完毕后，运单状态变为“已装车”。

九、承　运

车站在货票系统中核对“已装车”的整车运单，录入承运人记事，计算运输费用，客户可通过 96306 完成运费支付。新版 95306 系统被采用后，发到站均无须打印运单留存。

承运人根据货物运输合同，接受托运人委托运送，整车装车作业完毕并核收运费后，发站在运单上签署后，即为承运。货物承运后，运输合同生效。

知识拓展

《铁路货物装卸管理规则》节选

第四十五条　凡需进入铁路货场自装卸的货主，应经站段同意并签订安全协议，其自带装卸机械应符合相关安全技术要求，作业人员应经过铁路安全知识培训，具备相应资格，遵守铁路规章制度。站段应加强对货主自装卸作业的监督，严格装卸车质量的检查、验收。

第四十八条　铁路局、站段应根据货物品类及装卸机具配备情况，制定装卸机械及工索具配套使用方案，优先使用专用装卸机具，做到“一品一具”。

（一）装卸家电、医药、棉花、纸浆、短纤等软包装货物及体积在 1 m^3 以上的纸箱装货物，宜使用专用叉车夹抱机。

（二）装卸桶装货物，宜使用叉车桶夹或桶用夹抱机。

（三）装卸简易包装、无包装或易碎品类货物，宜使用托盘、小型箱或集装笼等集装化用具。

（四）装卸高精尖、贵重类货物，宜使用专用索具或软索、网兜等。

（五）装卸集装箱，应使用集装箱门式起重机、正面吊、集装箱堆垛机、集装箱专用吊架等专用装卸机械（属索具）。装卸敞顶箱的集装箱吊具应无导板或导板可调整。

（六）装卸长度 5 m 以上的柔性货物，宜使用均衡梁或专用电磁吸盘。

（七）煤炭、矿石等散装货物，装车宜使用装载机、抓斗式门式起重机或装车机；卸车宜使用翻车机、抓（扒）料机、卸车机或抓斗式门式起重机。扒料机在平货位卸车时，应使用挡板。

第四十九条 装卸作业应精准操作，轻取轻放，逐层进行，不得从下方掏（抽）取货物。

（一）装卸家电、医药、面粉、大米等包装易破损货物或怕湿、怕污染货物，作业前应彻底清扫作业区域或在起、落货处进行铺垫；作业 时应采取防尘、防湿、防污染等措施，包装破损的，应先修补或更换包装后再进行装卸作业。

（二）易倒塌、贵重货物多层码盘后，应使用安全绳或塑膜、胶带等捆扎牢固。

（三）焦炭、块煤等货物，装卸作业时应避免装卸机具碾轧。

第五十条 货物装载应符合铁路货物（集装箱）装载有关规定，做到均衡、稳固。

（一）散堆装货物装车，应优先使用具有称重装置的装卸机械，装车后应采取平顶等措施防止偏载偏重。

（二）长大、笨重货物，装车前应找准货物重心，均衡装载、捆绑牢固。

（三）混装货物，应按装车清单和配载方案进行，先装大件、重件货物，后装小件、轻泡货物，排列紧密、整齐，码放稳固，均衡装载。

（四）集装箱应严格按区箱位码放，纵横对齐，多层码放的集装箱上下箱的角件应对齐。装卸平车前应确认车辆锁头状态良好。装平车时应确认锁头完全落槽、卡牢；卸平车时应确认锁头与集装箱角件完全分离。

（五）敞顶箱装载不得超出箱体上平面，并按规定覆盖篷布。装运散堆装货物后须进行平顶。

第五十条 货物堆码应分类码放，严格按包装堆码标志进行，大不压小，重不压轻，整齐稳固。单一品类货物，装车时应分层、整齐、均衡堆码。敞顶箱不得与角件不同的其他箱型混合堆码。

第十九条 装卸货物，不得损坏或腐蚀车辆。进入棚车的流动装卸机械总重（含货物重量）不得超过 8 t。除装卸机械的走行部外，机械其他部位不得碰触车体。

第二十条 开关车门须执行下列规定：

（一）开关车门须使用拉门绳，迎面禁止站人，禁止手扶、肩靠门框直接推拉车门，防止车门落下或货物溜下砸伤。禁止用手推车、叉车等装卸机具顶撞车门。不得擅自拆卸车门、车窗。

（二）开启棚车车门前，要先检查确认门鼻、滑轮、轮槽无损坏、出槽及其他异状，再用拉门绳将门拉开小缝，检查车内货物有无倒塌，确认车门无脱落危险后再将车门开到最大，然后翻转门柱上的车门止铁，阻挡车门滑动。关车门时，也要先检查后用绳拉。禁止从棚车窗口装卸货物。

（三）敞车中门开启后，须固定牢靠。开启敞车下侧门时，应用拉门绳从车上拉起，将下侧门折页上的挂环挂到上侧梁的挂钩上，或用支门器支开、车门卡卡牢，不准掩夹石块等物，车上人员要防止车门开启后随货物滑落。

开关敞车车门必须逐个地开关。开关下侧门时应做好呼唤应答，确认门下无人后再开启或放下；关闭中门，须确认闭锁可靠。

进出敞车车厢应从中门进出，不得从开启的敞车下侧门钻进钻出。

（四）敞车装载货物，采用钢丝绳等拉牵绳穿过下侧门进行加固时，不得强力锁闭搭扣，必要时应采用铁线等对搭扣、下侧门进行捆绑固定。

（五）开关底开门车辆的车门时，车内禁止留人，关门时必须按搭扣定位逐个扣好。开关有联动装置的底车门，松放或拧紧摇柄时，注意防止摇柄返回伤人。遇有些车型不了解车门开关方法时，应报告货运员联系车辆部门处理。

（六）作业完毕应把车门、车窗、端侧门关好，插牢全部销子和搭扣。

拓展任务

完成情境二中成件货物的装车作业。

请从下列车辆中选择适当的车辆：P_{62NK} 3323678，P_{70} 3810315，P_{64GK} 3050708，并于承运次日组织装车。

任务五　组织整车货物途中作业

情境任务

货物到达途中货运检查站 A 站，在列车进站过程中，货运检查员甲发现篷布一角飞起来。同时，托运人赵某在发站提出变更收货人。

要求：

1. 完成货运检查员的工作。
2. 判断发站能否受理托运人的运输变更需求。

想一想：通过二维码中的案例，了解货运检查员的工作环境和作业内容，想一想货运检查员在工作中需要有怎样的精神.

情境任务案例
扫码观看

学习目标

（1）知道途中作业的内容。
（2）熟悉货运检查的内容。
（3）会进行货运交接检查及问题处理。
（4）理解货物运输变更的规定。
（5）能指导托运人完成运输合同变更或解除。
（6）了解运输阻碍的处理。
（7）培养细致认真和热情服务意识。

任务计划

序号	工作内容	负责人
1		
2		
3		

引导问题

1. 货物运输途中作业的形式有哪些?

2. 货运实行什么制度？由哪些车站负责进行货运检查工作？

3. 货运检查员进行货运检查的程序有哪些？

4. 货运检查的内容有哪些？

5. 货运检查员甲是否应该检查篷布苫盖情况？

6. 货运检查员甲发现问题应如何处理？

7. 办理取消托运和货物运输变更有何要求？

8. 发站能否受理托运人提出的运输变更请求？

9. 若货车还停留在发站未发出，托运人要求变更到站，能否办理？请你为托运人提供相应服务。

10. 若货主在你站提出运输变更要求，你认为怎样才能更好地为货主服务？

知识链接

货物的途中作业形式包括“货运检查、交接”“特殊作业”“异常情况的处理”。

“货运检查、交接”是在货物运输途中必须进行的正常作业。

“特殊作业”包括整车分卸货物在分卸站的分卸作业、活动物途中上水、托运人或收货人提出的货物运输变更和解除的处理等。

“异常情况的处理”是指货车运行有碍运输安全或货物完整时须做出的处理，如货车装载偏重、超载或货物装载移位时须进行的换装或整理，以及对运输阻碍的处理。

一、货运检查

（一）货运检查站

货运检查站是列车途经的有技术作业或无技术作业但停车时间在 35 min 以上的技术作业站。

货运检查站分为路网性货运检查站和区域性货运检查站。路网性货运检查站是国铁集团公布的编组站。区域性货运检查站是指除了路网性货运检查站外，铁路局管内进行货运检查作业的技术作业站。区域性货运检查站由铁路局自定，报国铁集团备案、公布。

铁路货检实行区段负责制。区段负责制是指货检站按规定的检查范围、技术要求和作业标准，对货物列车（含军用列车）进行货检作业后，保证货物列车安全继运到下一个有货检作业的货检站，并承担相应的安全责任。发生问题后能有效证明货检站工作质量良好的，可不按区段负责制列货检站责任。

对中间站保留及甩挂作业的货物列车，车站发现问题后要及时处理，中间站应保证货物列车安全继运到下一货检站。

货运检查站应设有货运检查员值班员岗位，负责货运检查的现场组织工作，并按照每列车双人双面检查作业的要求配齐货运检查员。

货检站应为货检管理和作业提供必要场所，配备计算机、摄录器材、复印机、传真机等生产作业必要的设备。

货检站应有用车整理及换装设施，具有符合作业要求的装卸货物线路、场地，装卸机械和计量衡器等。货检站应配齐超偏载检测装置、轨道衡、轮重测定仪等货运计量安全检测设备及视频监控设备。

货检站还应配备以下主要工具和备品：手持机、对讲机、工具包、钢尺、吊锤、电工刀、断线钳、铁锤、撬棍、照明灯具，8号、10号镀锌铁线，绳索、扒锔钉、钉子、绞棍以及施封锁、消防器材、危险货物检测仪、应急救援防毒面具等。

货运检查站应有货运检查工作日志、收发文件电报登记簿、普通记录和施封锁的发放、使用和销号登记簿、换装整理登记簿、加固材料使用登记簿、交接班簿等报表和台账。

（二）货运检查的内容

1. 检查装载加固

（1）货物是否倾斜、窜动、移位、坠落、倒塌和渗漏。

（2）货车是否超载、偏载。

（3）加固的材料和装置是否完好无损。

（4）货物超限装载和特定区段装载限界是否符合有关规定。

（5）加固用的绳索、铁线捆绑拴结是否符合规定。

2. 检查篷布苫盖

货车篷布及篷布绳网苫盖、捆绑状态是否符合规定。

3. 检查货车门、窗、盖、阀和集装箱

（1）货车门、窗、盖、阀是否关闭好。

（2）使用平车（含专用平车）装载集装箱时，集装箱箱门是否关闭好。

（3）使用专用平车装载集装箱是否落槽；使用普通平车装载时，集装箱是否已按加固方案进行加固。

4. 检查施封及其他

（1）施封货车应按《铁路货物运输管理规则》（以下简称《管规》）和有关规定进行检查。

（2）无列检作业的车站，货运检查人员还应检查自动制动机的空重位置，不符合要求时应进行调整。

（3）规定需要检查的其他项目。

（三）货运检查程序

货运检查的基本程序为计划安排和准备，到达列车的预检、检查、整理。

1. 计划安排和准备

货检值班员应及时收取班计划、阶段计划、变更计划，以及到发车次、股道、时刻、编组辆数等有关信息，并根据计划，将工作内容、检查重点、安全事项及要求等向货检员传达、布置。

货运检查员在接到作业任务后，应掌握到发列车车次、股道、时刻、编组内容及施封、重点车等相关信息。货运检查员在作业时，应携带作业工具和作业手册。

2. 到达列车预检

在列车到达前 5 min，货运检查员应出场立岗，在列车到达、通过时，对列车进行目测预检。

3. 检　查

（1）两侧货运检查员应从车列的一端同步逐车进行检查，对重点车进行记录。

（2）货运检查员对车列首尾的车辆，应涂打检查标记。

（3）车列检查、整理应在规定的技术作业时间内完成。

（4）车列检查、整理完毕后，货运检查员应及时报告。

（5）在实行区段负责制的区段，货运检查员发现的问题，应及时妥善处理。须拍发电报时，应于列车到达后 120 min 内以电报通知上一货运检查站，必要时将电报抄送至有关单位和部门。须编制记录的，按规定编制记录。

（四）货检发现问题的处理

发现异状时，应及时处理。问题的处理方法根据在装车站或在其他站而异，包括不接收，由交方编制记录、补封、处理后继运、车站换装或整理、苫盖篷布、拍发电报等。车站检查现车发现问题，须在铁路货检安全监控与管理系统（以下简称货检系统）编制普通记录。

1. 货车整理

货车整理分为甩车整理和在列整理。

货车整理作业应在规定的技术作业时间内完成，检查员在列整理完毕后及时向车站调度员报告，未接到车整理作业完毕的报告，不准动车。

（1）在列整理。

在列整理指对发生装载加固、篷布苫盖、门窗盖阀等问题但不需要摘车处理时，应在设置好防护后，由货运检查员和整理工共同对车列内须整理的货车进行整理。

在列整理时，货运检查员应按有关规定进行作业，确保人身安全。预计整理时间超过作业时间时，货运检查员应及时向车站值班员报告。

（2）甩车整理。

甩车整理指对危及行车安全，又不能在列整理的车辆，货运检查员应报告车站值班员，进行甩车整理。甩车整理时，应做好防护工作，不允许在挂有接触网的线路内（设有隔离开关的线路除外）整理车辆。

甩车整理的范围：

① 篷布苫盖不整或缺少腰绳、篷布绳网。

② 货物发生严重倾斜、偏载、移位、窜动、坠落、倒塌和渗漏。

③ 超限货物按普通货物办理。

④ 加固支柱折断，或装载加固材料（装置）超限。

⑤ 棚车车门脱槽，罐车上盖张开。

⑥ 罐车发生泄漏或溢出。

⑦ 危险货物运输押运或施封等问题需甩车处理的。

⑧ 货车、货物、集装箱、篷布等顶部或车体上有异物且无法在列处理。

⑨ 火灾。

⑩ 货物明显被盗丢失。

⑪ 发生其他危及行车安全情况不能在列整理时。

2. 换装整理

在运输中发生甩车处理的货车，不能原车安全继运的，以及因车辆技术状态不良，经车辆部门扣留需要换车时，应进行换装处理。

进行换装时，应选用与原车型和标记载重相同的货车。对因换装整理卸下的部分货物，应及时补送。

换装整理的时间一般不应超过两天。如两天内未换装整理完毕时，应由换装站以电报通知到站，以便收货人查询。

换装整理产生的费用，属于铁路责任时，由铁路内部清算；属于托运人责任时，应由到站向收货人核收。

3. 票据信息与现车不符

（1）空车有票：空车有重车票据信息，发现站扣车后在铁路货运票据综合应用管理系统录入空车有票信息，编制普通记录，并联系票据记载到站、发站进行核对。

经到站确认为已卸空车，到站在货运站系统或集装箱系统做卸车补录操作，电子票据信息车号置空，发现站在现车系统重新取票并确认后按空车组织挂运。

到站确认货物未到时，联系票据记载发站进行核对。经发站确认为空车的，联系信息部门在查明原因后处理。

确认为漏装的，发站进行货物补装作业，并在铁路货运票据综合应用管理系统编制普通记录，修改票据车号信息，有票空车票车解绑置空。发现站在现车系统重新取票并确认后按空车组织挂运。发站在现车系统取票并确认后组织补装车辆挂运。

确认为错装的，发站应追查运单记载的货物实际位置，通知重车所在车站扣车，并根据重车站反馈信息，在铁路货运票据综合应用管理系统编制普通记录，修改运单车号信息，有票空车票车解绑置空。发现站在现车系统重新取票并确认后按空车组织挂运。重车所在站在现车系统重新取票并确认后组织错装车辆挂运。

（2）重车无票：发现重车无票据信息时，发现站扣车调查，并在铁路货运票据综合应用管理系统编制普通记录。确认为重车空排的，发现站在保价系统编制货运记录回送；确认为发站错装的，联系发站处理。

二、货运交接

（一）列车交接

车站通过现车系统掌握车辆相关运输信息，

车站接收列车确报，与机车乘务员办理列车编组顺序表交接签认，依据确报或列车编组顺序表按规定核对现车，进行列车交接。

列车货物检查、交接的内容和发现问题的处理方法，按表 2-5 的规定进行办理。

表 2-5 列车货物检查、交接的内容和发现问题的处理方法

序号	检查内容	发现的问题	处理方法
1	运输票据或封套	（1）有票无货（车）或有货（车）无票	编制记录并拍发电报
		（2）货物运单或封套上记载的车号、到站与编组顺序表不符	
		（3）货物运单或封套上记载的车号、到站有涂改，未加盖带有所属单位的经办人名章时	
		（4）货物运单或封套上记载的车号与现车不符	编制记录并拍发电报，查明情况后继运
		（5）货物运单或封套上封印号码被划掉、涂改未按规定盖章	编制记录并拍发电报证明现状继运。货车上无封印时，由发现站确定是否补封
		（6）货物运单或封套以及编组顺序表记有铁路篷布，现车未盖有铁路篷布：现车盖有铁路篷布，货物运单或封套以及编组顺序表未记载或记载张数不符	编制记录并拍发电报
2	货车的施封	（1）封印失效、丢失、断开或不破坏封印即能开启车门	拍发电报并补封，是否清点货件由发现站确定
		（2）运输票据或封套上记载的封印站名或号码与现封不一致或发生涂改	核对站名、拍发电报。到站检查封印站名、号码
		（3）货车已施封，但未在运输票据或封套上记明封印号码。编组顺序表上无“F”字样	编制记录证明现状继运
		（4）未使用施封锁施封（罐车和进口货车除外）	拍发电报并补施施封锁
		（5）在同一车门上使用两个以上串联施封	拍发电报并补封，如因车门技术状态无法补封时，车站以交方责任继运
		（6）货车两侧或一侧在车门上部施封	按现状拍发电报
		（7）施封货车的上部门扣未以铁线拧固（车门构造只有一个门扣或上部门扣损坏的除外）	由发现站拧固

续表

序号	检查内容	发现的问题	处理方法
3	装有货物的货车	（1）车门窗未按规定关闭（损坏的车窗已用木板、铁箱、木箱封固的除外）	由发现站关闭并拍发电报
		（2）货物损坏、被盗	拍发电报、编制记录进行处理
		（3）棚车车体、平车或集装箱专用平车装运的集装箱箱体的可见部位损坏或集装箱箱门开启	拍发电报，并由车站处理
		（4）易燃货物未按规定苫盖篷布或未采取规定的防护措施	拍发电报，编制记录补苫篷布并采取防护措施
		（5）篷布（包括自备篷布）苫盖捆绑不牢、被刮掉或被割危及运输安全	及时进行整理.丢失或补苫篷布时由发现站拍发电报并编制记录
		（6）货物装载有异状或超过货车装载限界；支柱、铁线、绳索有折断或松动，货物有坠落可能；车门插销不严、危及运输安全；底开门车用一个扣铁关闭底开门（如所装货物能搭在底板横梁上，并且另一个搭扣处用铁线捆牢者除外）	由发现站按规定换装或整理并拍发电报
		（7）超限货物无调度命令	取得调度命令后继运
4	货车使用和通行限制	（1）货车违反运行区段的通行限制	拍发电报，并由车站换装适当货车
		（2）装载金属块、长度不足 2.5 m 的短木材或空铁桶使用的车种违反《加规》货车使用限制表的规定	

（二）交接检查的规定

罐车的封印、苫盖货物的篷布顶部、敞车装载的不超出端侧板货物的装载状态，在途中没有交接检查，如接车方发现异状，由发站拍发电报。如果发现重罐车开启，车站负责关好，并由交方编制普通记录。在发站和中途站发现空罐车上盖张开，要将上盖及时关闭。

整车货物变更到站时，处理站应对该车的装载加固情况进行检查，对施封货车应检查施封是否完好，站名、号码是否与票据相符。

货物运单和封套上的到站、车号、封印号码各栏，不得任意涂改。货物在运输途中，由于货物本身、车辆技术状态或自然灾害等原因，发生货车滞留，若站滞留时间达到 48h，应拍发电报，通知发到站，必要时要抄送有关铁路局。

货物列车无改编作业时，货运检查站根据列车编组顺序表的有关记载，检查施封是否有效，不核对站名、号码。

货物列车有改编作业时，货运检查站对货车的施封状态，只核对站名，不核对号码。

三、货物运输合同变更和解除

货物运输合同签订后，承托双方都应遵守合同约定，不得任意变更。由于特殊原因，货物承运后，托运人向承运人提出变更或解除运输合同要求的，可通过 95306 系统提出取消托运、变更到站、变更卸车地点、变更收货人的需求。同意变更的，按变更后的信息组织运输。承运人与客户线下沟通一致后可办理有关变更。

（一）取消托运

对托运人提出的取消托运需求，货场装车的，发站确认货车在本站后，方可受理；专用线装车的，路企交接前可受理，路企交接后不受理。

对已受理的取消托运需求，发站货运人员通知行车人员将货车调回货场，并在货票系统完成取消托运操作。核收相关费用后，运单需求单按“已装车”状态回退到货运站、集装箱系统，可在货运站、集装箱系统进行取消装车操作。

（二）货物运输变更

途中或到站仅受理托运人提出的货物运输变更需求。变更处理站应审核电子运单、货物运输变更要求书、验证电子领货密码。

变更到站时，处理站应报集团公司同意后方可受理，在货票系统中录入货物运输变更要求书，收取变更手续费，运单状态变为“变更完成”，并在运单上修改相关信息。电子领货的，向托运人申明，原领货密码失效，凭新的领货密码领货。

遇特殊情况须变更卸车站时，应遵守的规定：

（1）必须由托运人或收货人提出书面申请。

（2）必须和原到站在同一径路上。

（3）因自然灾害影响变更卸车地点时，应及时通知收货人。

（4）局管内变更卸车站，处理站应报铁路局同意后方可受理。

（5）跨铁路局变更卸车站，原则上不办理，确须变更时需国铁集团调度命令批准。

铁路不办理货物运输合同变更的情况，包括：

（1）违反国家法律、行政法规，物资流向、运输限制、封印的变更。

（2）变更后货物运到期限大于容许运输期限的变更。

（3）变更一批货物中的一部分。

（4）二次变更到站。

（三）调卸作业

遇自然灾害、运输阻碍、到达积压等特殊情况，经调度、货运、运输等部门与托运人、收货人协商后，由集团公司调度向办理站下达调卸调度命令。接收调卸调度命令后，车站在货运站、集装箱系统中通过股道现车、车次或手工录入车号查看调卸车辆信息，录入调度命令等调卸信息，生成调卸作业单和新的运单或装载清单作业信息。

四、运输阻碍的处理

（一）运输阻碍

因不可抗力的原因致使行车中断，称为运输阻碍。不可抗力指不能预见、不能避免、不能克服的客观情况。

（二）运输阻碍的处理

（1）铁路局对已承运的货物，可指示绕路运输。

（2）在必要时先将货物卸下，妥善保管，待恢复运输时再行装车继续运输，所需装卸费用，由装卸作业的铁路局负担。

（3）因货物性质特殊（如易腐货物腐烂），绕路运输或卸下再装，造成货物损失时，车站应联系托运人或收货人请其在要求的时间内提出处理办法。超过要求时间未接到答复或因等候答复将使货物造成损失时，按照无法交付货物处理，所得剩余价款（缴纳装卸、保管、运输、清扫、洗刷除污费用后），通知托运人领取。

知识拓展

铁路货运计量安全检测设备

一、货运计量安全检测设备

计量安全检测设备是对货车、集装箱进行科学计量及安全检测，确保行车安全的重要设备。主要包括轨道衡、超偏载检测装置、汽车衡、装载机电子秤、铁道车辆轮重测定仪、平台秤、吊钩秤等。

计量安全检测设备配置目标是满足承运人确定货物重量和安全风险防控需要，控制装车源头，强化途中监控，保证卸车质量，实现货运安全有序可控。

铁路局应按照“货运计量安全检测全覆盖”和“先进、成熟、经济、适用、可靠”的原则，根据货物性质、作业量、场地条件等具体情况，合理确定设备类型、数量和安装地点，并配置安装到位。

货运计量系统的配置目标是动态监控、全程把关，形成全天候、全方位、全过程的货运计量安全检测监控网络，主要应用在集团公司、铁路局、货运站段（货运中心）、货检站和货运站。

二、超偏载的处理

（一）超载的处理

配置轨道衡等计量安全检测设备的装车站应重点做好易超载货物的装车计量检测工作，对确认超载的，必须进行卸载处理，复检确认货物重量不超过货车容许载重量后，方可挂运；对亏吨且具备满载条件的货物，补装后应复检确认，保证装车后货物重量不超过货车容许载重量。

运输途中因雨雪导致增载时，装车站（单位）或装车局凭县级及以上气象部门公布的气象信息，经上级主管部门核实确认后，可扣除雨雪增载量后进行责任判定。

（二）偏载的处理

作为货检站整理、换装的依据时，货车超偏载分严重、一般两级，具体分级标准如表 2-6 所示。

表 2-6　分级标准

分级 项目	严重	一般
超载	大于货车容许载重 10 t	大于货车容许载重量 5 t 但未达到严重程度
偏载	货物总重心投影距车辆纵中心线距离大于 150 mm	货物总重心投影距车辆纵中心线距离大于 100 mm 但未达到严重程度
偏重	货车两转向架承受重量之差大于 15 t	货车两转向架承受重量之差大于 10 t 但未达到严重程度

以上的分级标准不作为装车站是否处理超偏载问题的依据。

货检站应加强超偏载检测装置检测结果的核实确认和处理。对严重超偏载货车，应立即甩车，整理后方能挂运。对一般超偏载货车，货检站在确认不危及行车安全时可不甩车整理，应记录车种、车号、发到站、货物品名等，并将上述信息及时通知发到站，电报通知下一编组站，同时在 24 h 内将信息上报铁路局货运主管部门。对装运卷钢和在本局管内装车站装运，并发生一般超偏载问题的货车，应比照严重超偏载车进行处理。

货检站严重超偏载货车整理作业流程：

（1）车站货检人员应根据检测结果，核对现车无误后，及时向车站行车调度部门报告。

（2）车站行车调度部门接到货检人员报告后，值班人员及时安排甩车，并送入指定地点。

（3）车站对甩下的货车重新过衡或进行偏载偏重复核。确认超偏载后，按规定整理和拍发电报。对超载报警车，应留存复衡单；对偏载报警车的拍照不少于 2 张，一张为带车号的整体照片，其他为能反映核实偏载情况的整体或局部照片；偏重报警车的拍照不少于 3 张，一张为带车号的整体照片，其他为能反映车辆两端装载情况或整体的照片。

（4）车站对甩下的超载货车进行卸载处理、并确认货物重量不超过货车容许载重量且不偏载不偏重后，方可编入列车继续运行。对甩下的偏载偏重货车进行处理、并确认不偏载不偏重后方可放行。

任务六　卸车与交付作业

情境任务

货物于 4 月 11 日到达海宁站，第二天货场卸车完毕，并通知货主取货。4 月 15 日，李某到站领取货物。

要求：

1. 完成卸车工作。
2. 为货主办理交付作业。

想一想：结合二维码中介绍煤炭卸车作业的相关内容，感受科技的进步，并思考散堆装货物卸车作业是怎样高效率完成的。

情境任务案例
扫码观看

学习目标

（1）掌握卸车与交付作业的规定。

（2）会按规定正确办理货物卸车和交付。

（3）培养严谨细致的职业素养。

任务计划

序号	工作内容	负责人
1		
2		
3		

引导问题

1. 货车到达到站后，货物所处位置变化顺序为（　　）。

   A. 到发场—货场　　B. 调车场—到发场—货场

   C. 到发场—调车场—货场　　D. 货场—调车场—到发场

2. 卸车作业前检查工作有（　　）

   A. 检查现车　　B. 检查货位

   C. 检查运输票据　　D. 检查货物

3. 卸车后应（　　）。

   A. 检查空车　　B. 检查货位

   C. 检查运输票据　　D. 检查货物

4. 该批货物卸车完毕后，是否需要清扫？由谁来清扫？是否需要核收费用？

5. 发出领货通知时间是否符合规章要求？说明理由。

6. 交付工作包括哪些内容？

7. 电子运单实施后，收货人可以凭下列（　　）领取货物。

A. 电子运单　　B. 领货凭证

C. 身份证　　D. 领货密码

8. 经办人李某到站领取货物，应提供哪些资料？

9. 在车站货场卸车时，收货人应于承运人发出领货通知的次日起几日内将货物搬出？海宁站是否应向李某收取相关费用？

10. 若卸车完成后，货车状态如下图所示，是否符合规定？

知识链接

一、重车到达与交接

车站接收列车确报，依据确报或列车编组顺序表按规定核对现车。遇列车编组顺序表中车辆信息与电子票据信息内容不一致时，应现场确认现车车号，以现车车号的电子票据信息为准；发现空车有票、重车无票，或票、货信息不符时按票车不符等流程处理。

二、卸车作业

卸车是到站工作组织的关键，是整个运输过程的重要环节之一。正确及时地组织卸车作业，能够缩短货车周转时间，提高货车使用率，保证排空任务和装车的空车来源。

车站必须认真贯彻“一卸、二排、三装”的运输组织原则，认真做好卸车工作。

（一）卸车前的检查工作

为使卸车作业顺利进行，防止误卸并确认货物在运输过程中的完整状态，便于责任的划分，卸车货运员应在卸车前做好以下检查工作：

1. 检查货位

检查货位能否容纳待卸的货物；检查货位的清洁状态；检查相邻货位上的货物与卸下货物性质上有无抵触。

2. 检查运输票据

检查电子运单上填写的到站与货物实际到站是否一致，了解待卸货物的情况。

3. 检查现车

检查车辆状态是否良好，货物装载状态有无异状，施封是否良好，现车与电子运单信息是否相符。

（二）监卸工作及卸车作业

卸车作业开始前，监装卸货运员应向卸车工组详细传达卸车要求和注意事项。卸车，必须由货运员启封或检查后才能开始作业，要逐批核对货物、清点件数，合理使用货位，按货物堆码标准进行码放。

1. 铁路货运场站卸车

在铁路货运场站卸车时，车站接收现车系统的到达重车信息，调取运单信息，在货运站系统指定股道货位，接车对位后组织卸车。卸车完毕后电子运单状态变为“已卸车”。卸车时发现货物损失或与运单信息不符时，应在货运站系统后三检中编制货物损失报告并打印。

2. 专用线卸车

在专用线卸车时，车站接收现车系统的到达重车信息，在货运站系统指定专用线股道并向现车系统推送需求，路企交接后，企业运输员组织卸车，并通过系统补充卸车信息。专用线货运员在货运站系统填记货车调到、卸车开始、卸车结束、调回时间以及货车状态、货车篷布等内容，打印货车调送单。专用线卸车完毕，路企交接后，电子运单状态变为“已卸车”。

3. 区间卸车

区间卸车时，车站在现车系统其他记事栏内标记“区间卸车”，现车系统将标识信息反馈至货运站系统，运单记载的到站货运人员根据车务人员提供的车号、出站、到站等信息，在货运站系统中及时进行卸车操作。

（三）卸车后的检查工作

1. 检查运输票据

检查货运站系统指定的货位与实际堆放货位是否一致。

2. 检查货物

检查货物件数与电子运单中记载的件数是否一致，货物堆码是否符合要求，卸后货物安全距离是否符合规定。

3. 检查卸后空车

检查车内货物是否卸净，车内是否清扫干净，检查车门、窗、端侧板是否关闭严密，检查货车表示牌是否已被撤除。

（四）货车的清扫、洗刷和除污

货车卸空后，负责卸车的单位应将货车清扫干净，关闭好车门、窗、端侧板、盖、阀。对于下列货物情况，除清扫干净外，铁路部门还要负责洗刷、除污，并向收货人核收费用。

（1）装运过活动物、鲜鱼的车辆，以及受易腐货物污染的冷藏车。

（2）《铁路危险货物运输管理规则》规定必须洗刷除污的货车。如装过剧毒品的货车、遭到危险货物污染的货车、有刺激性异臭味的货车。

（3）装过污秽品的货车也必须进行洗刷除污。

若收货人有洗刷消毒设备，也可由收货人自行洗刷、消毒。

收货人组织卸车的货车，未进行清扫或清扫不干净时，车站部门应通知收货人补扫。如收货人未补扫或未清扫干净，车站应组织人员代为补扫，并向收货人核收货车清扫费和延期使用费。

三、货物到达通知与暂存

货物到达后，承运人应及时向收货人发出领货通知。在货场卸车的，卸车完毕后，95306

系统发出领货通知。对自卸或直卸的，做完卸车计划后货运 95306 系统发出领货通知。在专用线卸车的，货车调入专用线，路企双方完成专用线电子调送单签认，95306 系统发出领货通知。

到站应在不迟于卸车完毕时间的次日内，向收货人发出领货通知或收货通知。承运人在车站公共装卸场所内组织卸车时，收货人应于承运人发出领货通知或送货通知的次日（不能及时收到领货通知及送货通知或会同收货人卸车的货物为卸车的次日）起算，两日内将货物搬出或接收货物。超过上述期间未将货物搬出或接收货物的，对收货人按超出的时间核收仓储费。根据各地具体情况，铁路局可以缩短货物免费仓储期限一日，也可以提高仓储费费率，但提高部分最高不得超过规定费率的 1 倍，也可以适当延长货物免费仓储时间。

四、交付工作

交付工作包括内交付和外交付两部分。内交付即票据交付，外交付即货物交付。95306 升级后，可在线办理电子领货，不再需要托运人将纸质领货凭证寄交收货人。

1. 内交付

托运人在提报运输需求时选择电子运单即可设置领货密码，托运人设置领货密码后，需要将领货密码告知收货人。铁路承运后，收货人即可设置领货人。收货人选择线上办理时，应登录铁路货运 95306，在“到达业务-领货手续办理”页面，核验电子领货密码后正确填记领货人姓名、身份证号码、手机号码等信息，并在线签署领货委托书。选择线下办理时，收货人应到车站现场出示身份证原件，并配合完成电子领货密码验证；委托他人领取货物时应同时提供电子领货密码、身份证复印件、被委托人身份证原件和委托书；收货人为法人单位时，除提供经办人身份证原件外，还需提供加盖单位公章的委托书。

领货人到车站支付到站杂费。如有到站杂费需要支付，线上办理时，客户选择网银、预付款支付杂费的，支付后自动完成内交付；线下办理时，客户选择现金、银行卡等支付的，线下支付并由集中受理中心确认支付后完成内交付。

2. 外交付

领货人凭本人身份证原件到车站领取货物，确认内交付已完成后，承运人将货物点交给领货人，办理货物交付。领货人在货运 95306 系统完成确认领货，交付完成。

专用线交付的货物，专用线入线交接完成后，自动完成外交付。系统自动计算到站杂费，如无杂费，则自动完成内交付；如有杂费，则需收货人线上或线下支付到站杂费，完成内交付。

交付工作完毕，铁路货物运输合同终止。

五、货物搬出与送达

（一）货物搬出

交付完成后，货运场站门卫凭客户的运输信息对货物进行确认后放行。

对于门到门、站到门货物，按客户要求的送货地点和其他要求进行送达。

（二）货物送达

客户在发站提出的站到门需求，货物到站后，接取送达系统接收货票系统、电商系统或零散快运平台推送的物流需求信息，铁路局集团公司组织物流企业与到站办理货物交接，组织配送。

交接货物时，收货人凭纸质凭证领货的，配送人员携带运费杂费收据收货人存查联、运单到站存查联和收货人存查联，核验收货人身份，收回领货凭证（零散快运不收领货凭证）；电子领货的，携带运费杂费收据收货人存查联、运单到站存查联和收货人存查联，通过手持设备验证领货密码，核验收货人身份。收货人在运单到站存查联上签章后，配送人员将收货人存查联交收货人，与收货人办理货物交接，完成后使用手机 App 将状态变为“已送达”，后将运单到站存查联连同费用交车站。

客户在到站提出需求，车站办理交付手续，在货票系统核收相关费用，接取送达系统接收货票系统推送的物流需求信息，铁路局集团公司组织物流企业与到站办理货物交接，组织配送，与收货人办理货物交接，完成后使用手机 App 将状态变为“已送达”。

知识拓展

接取送达作业

一、接取送达业务定义

接取送达业务是铁路全程物流服务的基本组成部分，是铁路货物运输的重要环节，指从客户约定的货物交运地点至铁路车站公共装卸场所间，或从铁路车站公共装卸场所至与客户约定的货物接收地点间的运输服务，包括铁路仓储货物的接取送达。

二、办理车站

办理货运业务的国铁车站或国铁控股车站均应具备接取送达服务能力，办理相关服务。对于站内不办理货运业务，仅有专用线到发的车站由铁路局集团公司自主确定是否提供接取送达服务。

三、业务管理

接取送达业务由国铁集团、铁路局集团公司分级管理，生产组织实行集中统一指挥。

1. 服务种类

接取送达服务应坚持客户自愿、敞开受理的原则，由客户自主选择“门到站”“站到门“或“门到门”服务。

2. 服务平台

铁路局集团公司、快运公司统一使用国铁集团开发的接取送达信息系统和手机App软件。

接取送达系统是办理业务的统一平台，铁路局集团公司应使用系统逐站制定接取送达方案，内容包括业务办理范围，联系人员，取送货车辆载重、容积等，并指定专人在接取送达系统中维护方案。

3. 作业流程

（1）受理。受理接取送达业务时，受理人员对客户提出的接取送达需求要掌握清晰、录入准确，要详细了解货物基本情况，包括品类、重量、体积、装载条件等，核实发到站营业办理限制、装卸作业能力、接取送达里程，记录客户相关物流需求，并及时通知相关物流部门与客户约定取送货物地点、时间。

（2）派单。负责接取送达的调度人员要根据实际情况，使用接取送达信息系统，按照“运力就近、方向顺流、返空利用、巧装满载”的原则，合理规划取送货经路。通过发布抢单、竞价任务等方式，将相关作业信息自动向接取送达人员手机App推送，由接取送达人员主动应答；也可人工将相关作业信息派发至指定接取送达人员手机App上。

（3）作业准备。接取送达人员使用手机App软件接到作业信息后，应检查交通工具，准备相关设备单证，与客户确认，告知客户安排相应的装卸人员及机具。

（4）取送货。接取送达人员在作业过程中，应使用手机App软件记录出发、到达时间，在作业途中严格遵守道路交通规则，保证运输过程中无飘撒、不丢失、零损坏。接取送达运输过程中发生的货物损失，由铁路局集团公司负责处理。

（5）交接签收。接取送达人员与客户、车站货运员进行货物、单据交接时，应按相关安全规定进行查验，按单据记载内容对货物进行核对交接，交接双方要在相关单据上签认，签认后的单据，使用手机App软件拍照上传。

拓展任务

完成情境中散堆装货物的卸车与交付作业。

复习思考题

1. 整车货物运输发送作业流程是什么?

2. 受理作业审查哪些内容?

3. 进货验收时，应重点检查哪些项目?

4. 装车作业前、后有哪些检查内容?

5. 货物的途中作业主要有哪些?

6. 卸车前、后有哪些检查内容?

7. C62A 装运煤一车，经中途站超偏载检测装置检查发现货物检测重量为 69 t。

（1）该车是否超过车辆容许载重量?

（2）该车的超载等级?

（3）该车是否要换装整理?

（4）如何处理该车?

8. 同兴粮食有限公司，在麻城站托运玉米一批，车种车号：C_{64K} 4812345，货物重量为 62 t，500 袋，到站为望都站，1 083 里程千米。请完成以下问题。

（1）托运人由于特殊原因，要求麻城站将该批货物变更到中途站石家庄西东站，该批货物仍在麻城。问麻城车站是否可以办理变更? 应如何办理?

（2）托运人在途中阜阳北站要求将该批货物 100 件变更到聊城站，请问阜阳北站应该怎么办理? 为什么这样办理?

9. 如何开关敞、棚车车门?

10. A 站发 B 站化肥一批、整车，编织袋包装，2 400 件、60 t（件重 25 kg），棚车装运。到站卸见车底板有破损牛奶盒，化肥外包装受到污染。经查：该车由 C 站发 D 站牛奶，D 站卸车后排空，到达 A 站送入专用线装车。请对照规章分析各单位的货运作业存在哪些问题。

项目三　组织集装箱货物运输

情境描述

情境一：广元市畅达物流有限公司在万州站发运一批氧化铝，货物总重量 27 500 kg，货物价格 5000 元，收货人广元市畅达物流有限公司。该批货物准备发往广元南站，门到门运输，保价运输（运价里程 525 km，取货里程 10 km，送货里程 10 km）。

情境二：某交通通道运营有限公司在团结村站发运一批玻璃瓶，货物总重量 25 960 kg，货物价格 10000 元。收货人宁波盛世物流有限责任公司。该批货物准备发往北仑港站，门到门运输，保价运输（运价里程 2 133 km，取货里程 30 km，送货里程 30 km）。

请组织两批货物集装箱运输作业。

任务一　选用集装箱

情境任务

你作为某集装箱办理站货运员，现在前往集装箱堆场巡视。

要求：熟练辨识堆场中集装箱种类，准确解释集装箱箱体上标记。

议一议：集装箱是中欧班列的重要载体，请扫描二维码，分析“数读《中欧班列发展报告 2021》”中的各项数据，并说说你有哪些启示。

数读《中欧班列发展报告 2021》
扫码观看

学习目标

（1）理解集装箱箱体主要标记。
（2）知道集装箱国际标准的外部尺寸和额定质量。
（3）能描述集装箱箱体标记。

（4）拓展集装箱多式联运的国际化视野。

任务计划

序号	工作内容	负责人
1		
2		
3		

引导问题

1. 查找“中欧班列”“集装箱”有关资料（可以是文字、照片、视频等形式的资料）。（1）请分析为什么集装箱运输成为铁路货物运输的发展方向。（2）如果你未来会从事集装箱运输领域的工作，应该具备哪些职业素养？

2. 请查找集装箱制造方面的资讯，了解我国在这一领域的地位，并与同学进行分享交流。

3. 请按照集装箱的分类，查找图片，分类整理，进行分享交流发言。

4. 收集海运集装箱堆场照片，在照片中发现 10 个集装箱箱主代号并记录下来，确定代号简称所代表的公司名称。

箱主代号	公司名称或简称	箱主代号	公司名称或简称

5. 请指出下图中集装箱标记名称，并解释含义，确定所属箱型，描述其外形尺寸和额定重量。

6. 请指出下图中集装箱标记名称，并解释含义，确定所属箱型，描述其外形尺寸和额定重量。

7. 查阅资料，解释集装箱铭牌内容组成，进行分享交流。

知识链接

一、集装箱定义

集装箱是一种运输设备，其使用必须满足以下要求。
（1）具有足够的强度，在有效使用期内可反复使用。
（2）适于一种或多种运输方式运送货物，途中无须倒装。
（3）设有可供快速装卸的装置，便于从一种运输方式转移到另一种运输方式。
（4）便于箱内货物装满和卸空。
（5）内部容积不小于 1 m^3。
集装箱不包括车辆和一般包装。

二、集装箱的分类

集装箱运输是铁路货运发展方向，铁路运输的集装箱可以按以下方式分类。

（一）按箱主分类

按箱主不同，集装箱可分为铁路集装箱和自备集装箱。铁路集装箱由铁路承运人提供，其产权归中国国家铁路集团有限公司所有。自备集装箱是托运人自有产权或租用的其他公司的集装箱。

（二）按长度分类

铁路运输的集装箱按长度不同可分为 20 ft 箱、40 ft 箱、45 ft 箱以及经国铁集团货运局批准运输的其他长度的集装箱。

国际集装箱运输以 TEU 作为统计单位，1TEU 表示一个 20 ft 的国际标准集装箱。1 个 40 ft 标准集装箱折合为 2 个 TEU。

（三）按所装货物种类和箱体结构分类

按所装货物种类和箱体结构不同，集装箱可分为普通货物箱和特种货物箱。

1. 普通货物箱

普通货物箱包括通用箱和专用箱。
（1）通用箱。
通用箱又称干货集装箱、杂货集装箱，是指全封闭，具有刚性的箱顶、侧壁、端壁和箱底，至少在一面端壁上有箱门的集装箱，如图 3-1 所示。通用箱适合装运大多数普通货物，如文化用品、日用百货、医药、纺织品、工艺品、五金交电、电子仪器仪表、机器零件及化工制品等。该类集装箱占全部集装箱总数的 70%～80%。

图 3-1　通用集装箱

（2）专用箱。

专用箱是指不通过端门装卸货物或为通风等特殊用途而设有独特结构的普通货物集装箱，包括通风集装箱、敞顶集装箱、台架式集装箱和平台式集装箱等。

通风集装箱：在箱壁设有与外界进行气流交换的装置，主要用于装运食品等需要通风环境的货物。根据通风方式不同，通风集装箱可分为自然通风集装箱和机械通风集装箱；根据通风强度不同，通风集装箱可分为透气式集装箱和通风集装箱。当通风口关闭或透气口关闭时，通风集装箱又可作为通用集装箱使用。

敞顶集装箱：箱顶可以打开，货物能从上部吊装吊卸，适于装运玻璃集装架、钢制品、机械等重质货物。

中国铁路推行 20 ft 35 t 敞顶集装箱，既可用于装载散堆装货物，也可用于装载成件包装货物，如图 3-2 所示。

图 3-2　20 ft35 t 敞顶集装箱

台架式集装箱：无刚性侧壁和箱顶，端壁也可拆掉，只靠箱底四个角柱承受载荷，主要用于装运长大笨重货物，如重型机械、各种钢材和木材等。

平台集装箱：集装箱为一平台，无上部结构。该类集装箱设有底角件，并可使用与其他集装箱相同的紧固件和起吊装置，适于装运机械、钢铁等重质、大件货物。

2. 特种货物箱

特种货物箱是指专门用于运输某种状态或特殊性质的货物的集装箱。包括保温箱、罐式箱、干散货箱和按货物种类命名的集装箱等。

保温箱：具有绝热的箱壁、箱门、箱底和箱顶，能阻止集装箱内外热交换，用于装运需要控制温度的货物，如冻鱼、冻肉、鲜奶、水果、蔬菜等。保温箱又可分为绝热集装箱、消耗制冷剂式冷藏集装箱、机械式冷藏集装箱、加热集装箱及冷藏和加热集装箱等。

罐式箱：由箱体框架和罐体两部分组成，专门用于装运各种酒类、油类、液体食品、化学品等液体货物。装货时，货物由液罐顶部的装货孔装入；卸货时，货物由排出孔靠重力自行流出或由顶部装货孔吸出。

干散货箱：主要用于装运无包装的固体颗粒或粉状货物，如各种散装粮食、饲料、水泥及某些化学制品等。干散货箱一般设有 2～3 个装货口，端门下设有 2 个卸货口。

按货物命名的集装箱：专门用于装运某种货物，包括汽车集装箱、动物集装箱、原皮集装箱、服装集装箱等。

（四）按是否符合标准分类

按是否符合集装箱标准分为:标准箱和非标箱。符合国家标准、行业标准或国铁集团企业标准的为标准箱；其他为非标箱。

系列 1 集装箱指符合《系列 1 集装箱分类、尺寸和额定质量》（GB/T 1413）的集装箱;系列 2 集装箱指符合《系列 2 集装箱分类、尺寸和额定质量》（GB/T 35201）的集装箱。

三、集装箱标记

为了在物流运输和使用中更好地进行识别、管理，便于单据编制和信息传输，需在集装箱的箱体上涂刷各种清晰、易辨、耐久的标记。国内使用的集装箱标记按国家标准《集装箱代码、识别和标记》（GB/T 1836—2017）的规定涂刷，国际使用的集装箱标记按国际标准化组织 1SO 6346：1995 的规定涂刷。

集装箱的主要标记如图 3-3 所示。

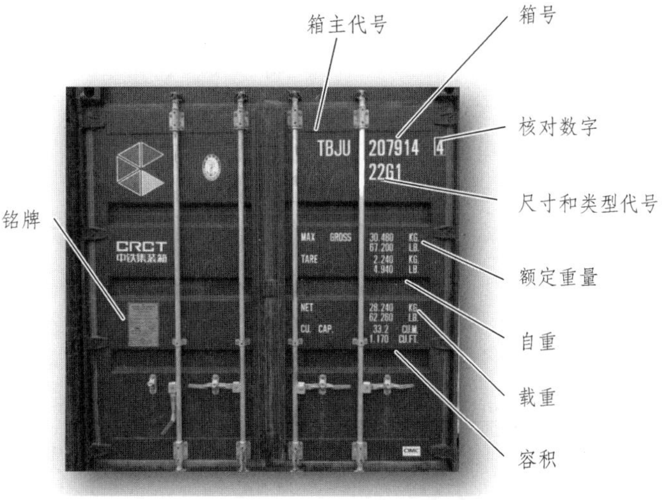

图 3-3　集装箱标记

1. 箱主代号

箱主代号是指集装箱所属公司代号。

集装箱的箱主代号由 4 个大写拉丁字母表示。为了区别其他设备，前三位由箱主自己规定，第四个字母用“U”，表示集装箱。例如，我国铁路通用集装箱的箱主代号是“TBJU”，“TB”代表中国国家铁路集团有限公司的集装箱企业，“J”代表集装箱，“U”代表国际标准规定的集装箱识别标记和代码。

在我国铁路运输的集装箱有不少是货主自备集装箱，为便于加强企业自备箱的管理，1998 年铁道部制定了《自备集装箱编号和标记涂刷规定》，其中关于自备箱箱主代号要求是：自备箱的箱主代号的 4 位拉丁字母，前两位为箱主代号，由箱主确定，后两位为集装箱的类型，如通用箱为 TU、冷藏箱为 LU、保温箱为 BU、危险品箱为 WU，其他专用箱另定。

为了避免箱主代号的重号现象，所有箱主在使用箱主代号前应向主管部门登记注册，国内铁路使用的集装箱，由箱主向所在铁路局申报；国际集装箱，由箱主向国际集装箱局登记注册。

2. 箱　号

箱号又称为顺序号，由 6 位阿拉伯数字组成。有效数字不足 6 位时，则在有效数字前用“0”补足 6 位，如“056772”。

根据《自备集装箱编号和标记涂刷规定》要求，自备箱箱号中阿拉伯数字的前 2 位是箱主所在地的省、自治区、直辖市的行政区划分代码、第 3 到 6 位数字为铁路局所给的顺序号。

国际标准集装箱号，通常“1”和“9”开头的集装箱是特种箱，如冷藏集装箱、45 ft 超高干货集装箱、罐式集装箱、汽车集装箱、散货集装箱。数字“4”“7”“8”开头的是 40 ft 箱，数字“2”“3”开头的是 20 ft 箱。

3. 核对数字

核对数字是按规定方法计算出来的一位阿拉伯数字，专门用于计算机核对箱主代号和箱号记录的准确性，避免箱号错误。标记于箱号后，为了与箱号区分开，须用方框圈出。国内铁路使用的集装箱的核对数字按标准 GB 1836—2017 的规定计算。例如，20 ft 通用集装箱 TBJU 207914 的核对数字为 4，如图 3-3 所示。

4. 国家代号、尺寸和类型代号

集装箱箱体上涂打的国家代号表示国家或地区，按规定用两个拉丁字母表示。例如，CN 表示中国，US 表示美国。我国铁路集装箱不使用国家及地区代号。

尺寸和类型代号用来表示集装箱的尺寸和类型。按照 ISO 6364.2 中第 6 章“标记的标志方法”规定，箱型和尺寸代码应作为一个整体在集装箱上标识，如图 3-3 所示。尺寸代号可通过查集装箱尺寸代号表确定，其中第一位表示集装箱的箱长，第二位表示集装箱的箱宽和箱高。类型代号可从集装箱类型代号表中查得，1995 版集装箱类型代号表使用“数字-字符”型代码。例如，图 3-3 中“22G1”指箱长为 20 ft（6 068 mm）、箱宽为 8 ft（2 438 mm）、箱高为 8 ft 6 in（2 591 mm），上方有透气罩的通用集装箱。

5. 集装箱的额定重量、自重、载重、容积

集装箱额定重量（MAX GROSS）即集装箱总重，是集装箱的空箱质量（空箱重量）和箱内装载货物的最大容许重量之和。集装箱的自重（TARE）是指集装箱的空箱质量（空箱重量），包括各种集装箱在正常工作状态时应备用的附件和各种设备的重量。集装箱的载重（NET）是指集装箱

的最大允许载货量。集装箱的容积是指集装箱内部尺寸的乘积（长×宽×高）。

集装箱的额定重量、自重、载重、容积应标于箱门上，如图 3-3 所示。其中，集装箱的额定重量、自重、载重均以公斤（kg）和磅（lb）同时标记。

集装箱的容积（CU.CAP.）以立方米（CU.M.）和立方英尺（CU.FT.）单位同时标记。

6. 集装箱通行标记

为保证集装箱能在全国各地、国境和国外顺利使用通行，必须设立各种通行证明并标识在集装箱上，这就是集装箱的通行标记。集装箱通行标记主要有国际集装箱安全公约（CSC）安全合格牌照、批准牌照（TR）、检验单位徽记、国际铁路联盟标记，标有定期检验日期或连续检验计划标志等。

（1）国际铁路联盟标记。

国际铁路联盟（简称 UIC），是世界最大的铁路国际标准化机构，它成立于 1922 年，其使命是“促进全球轨道交通的发展，以应对流动性和可持续性发展的挑战”。

为统一各国铁路对集装箱的技术要求，简化手续，推动集装箱运输发展，国际铁路联盟制定了《国际铁路联盟条例》。国际铁路联盟标记，是集装箱有权在国际铁路联盟组织的各成员国铁路上运行的必要通行标志。凡符合条例中规定技术要求的集装箱，申请了某个国家UIC(国际铁路联盟)成员国认证，即获得在全球铁路运输许可。该标志为“ic”，底下数字是各个 UIC 成员代码，比如 33 代表中国，81 代表德国，87 代表法国，我国使用的国际铁路盟标记如图 3-4 所示。

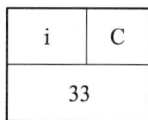

i	C
33	

图 3-4　国际铁路联盟标记

（2）铭牌上的通行标记。

除国际铁路联盟标记单独标记外，其他通行标记一般标记在集装箱铭牌上。如图 3-5 所示。

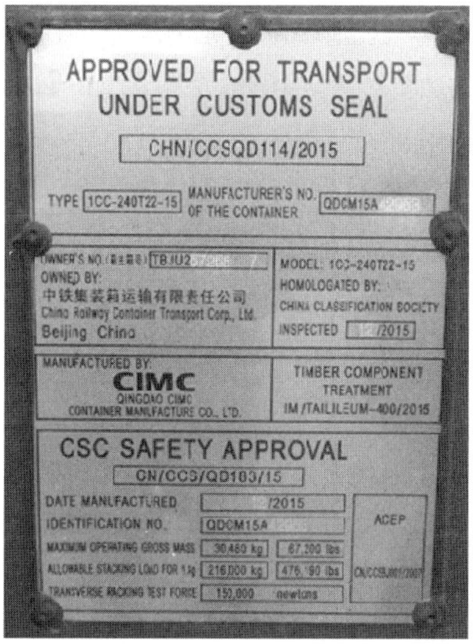

图 3-5　通用集装箱铭牌

7. 其他标记

除上述标记外，还应在集装箱上选择性地标出以下标记。

（1）超高标记。凡高度超过 2.6 m（8 ft 6 in）的集装箱，均须标出超高标记。该标记是在黄色底上标出黑色数字（箱高），上面为公制，下面为英制，标志的四周为黑色边框，如图 3-6 所示。

（2）登箱顶触电警告标记，该标记为黄色底三角形，一般设在罐式集装箱登箱顶的扶梯处，以警告登顶者有触电危险，如图 3-6 所示。

（a）

（b）

图 3-6　超高标记与登顶触电标记

所有标记均采用不同于箱体的颜色进行涂刷。我国铁路集装箱采用的是白漆涂刷。

四、铁路集装箱

铁路集装箱符合国际标准集装箱系列箱型。

国际标准集装箱是指国际标准化组织 104 技术委员会制订、颁布，并经成员国认可的集装箱。自 1961 年 104 技术委员会成立以来，国际标准集装箱曾有过多次补充、删减和修改。到目前为止，ISO 668：1995（包括其修正案 ISO668：1995/Amd1：2005 和 ISO668：1995/Amd2：2005）《系列 1 集装箱分类、尺寸和额定质量》中规定国际标准集装箱共有 1EEE、1EE；1AAA、1AA、1A、1AX；1BBB、1BB、1B、1BX；1CC、1C、1CX；1D、1DX 等 15 种规格，其外部尺寸和额定重量如表 3-1 所示。

我国铁路公布的各种铁路集装箱的基本规格及主要技术参数如表 3-2 所示。

表 3-1　国际标准集装箱箱型系列

箱型	长度		宽度		高度		额定重量（总重）	
	mm	ft/in	mm	ft/in	mm	ft/in	kg	lb
1EEE	13 716	45/0	2 438	8/0	2 896	9/6	30 480	67 200
1EE	13 716	45/0	2 438	8/0	2 591	8/6	30 480	67 200
1AAA	12 192	40/0	2 438	8/0	2 896	9/6	30 480	67 200
1AA	12 192	40/0	2 438	8/0	2 591	8/6	30 480	67 200
1A	12 192	40/0	2 438	8/0	2 438	8/0	30 480	67 200
1AX	12 192	40/0	2 438	8/0	<2 438	<8/0	30 480	67 200
1BBB	9 125	29/11.25	2 438	8/0	2 896	9/6	30 480	67 200
1BB	9 125	29/11.25	2 438	8/0	2 591	8/6	30 480	67 200
1B	9 125	29/11.25	2 438	8/0	2 438	8/0	30 480	67 200

续表

箱型	长度		宽度		高度		额定重量（总重）	
	mm	ft/in	mm	ft/in	mm	ft/in	kg	lb
1BX	9 125	29/11.25	2 438	8/0	<2 438	<8/0	30 480	67 200
1CC	6 058	19/10.5	2 438	8/0	2 591	8/6	30 480	67 200
1C	6 058	19/10.5	2 438	8/0	2 438	8/0	30 480	67 200
1CX	6 058	19/10.5	2 438	8/0	<2 438	<8/0	30 480	67 200
1D	2 991	9/9.75	2 438	8/0	2 438	8/0	10 160	22 400
1DX	2 991	9/9.75	2 438	8/0	<2 438	<8/0	10 160	22 400

表 3-2　我国铁路集装箱技术参数

箱型	箱类	箱主代号	起始箱号	截止箱号	自重/t	总重/t	外部尺寸/mm			内部尺寸/mm			容积/m^3
							长	宽	高	长	宽	高	
20 ft	通用集装箱	TBJ	300011	301710	2.24	30.48	6 058	2 438	2 591	5 898	2 352	2 393	33.2
			350001	352200	2.24								
			370001	380000	2.24								
			400001	400500	2.98								
			400501	400800	2.18								
			400801	401187	2.13								
			401188	402707	2.21								
			402708	403907	2.18								
			403908	404231	2.21								
			404232	404431	2.23								
			404432	404731	2.52	30.48	6 058	2 438	2 896	5 898	2 352	2 393	33.2
			404732	405231	2.41	30.48	6 058	2 438	2 591	5 898	2 352	2 393	33.2
			405232	405931	2.18								
			580000	629999	2.24								
			510001	575000	2.21	24.00	6 058	2 438	2 591	5 898	2 352	2 393	33.2
	弧型罐式集装箱	TBG	500000	500001	6.30	30.48	6 058	2 438	2 896				33.5
			500052	501999									
	双层汽车集装箱	TBQ	500000	500231	3.70	15.00	6 058	2 438	3 200	5 867	2 330	3 049	41.7
	干散货集装箱	TBB	500000	509149	3.10	30.48	6 058	2 438	2 591	5 900	2 370	2 323	32.5
	散装水泥罐式集装箱	TBG	540001	543050	4.95	30.48	6 058	2 438	2 896				22.0

续表

箱型	箱类	箱主代号	起始箱号	截止箱号	自重/t	总重/t	外部尺寸/mm			内部尺寸/mm			容积/m³
							长	宽	高	长	宽	高	
20 ft	水煤浆罐式集装箱	TBG	520001	520100	4.25	30.48	6 058	2 438	2 591				22.0
	折叠式台架集装箱	TBP	200001	210000	2.50	30.00					2 868	3 180	
	框架罐式集装箱	TBG	510001	511000	4.64	30.48	6 058	2 438	2 591				26.0
			530000	530049	4.46								
			530050	530199	4.00								
			550000	550099	4.66								
25 ft	板架式汽车集装箱	TBP	100000	100831	4.30	28.30	7 675	3 180	348				
			000087	000088									
40 ft	通用集装箱	TBJ	300003	300005	3.88	30.48	12 192	2 438	2 896	12 032	2 352	2 698	76.4
			710000	715999									
48 ft	通用集装箱	TBJ	800001	800404	4.65	30.48	14 630	2 438	2 438	14 470	2 352	2 240	76.2
50 ft	双层汽车集装箱	TBQ	800000	801599	10.53	30.48	15 400	2 500	3 200	15 186	2 416	3 094	113.5
			801600	801899	11.61								
	板架式汽车集装箱	TBQ	200000	203999	10.90	60.00	15 400	3 300	270				

知识拓展

一、集装箱标准化

国际标准化组织是国际上最大的工业和技术合作组织。根据国际标准化组织章程，其宗旨是在全世界范围内促进标准的发展，以便于国际物资交流和服务，并发展在知识、科学、技术和经济活动领域内的合作。国际标准化组织的 104 技术委员会（ISO/TC 104）是集装箱专业的技术委员会。

1961 年 6 月，国际标准化组织在芬兰的赫尔辛基召开理事会时，美国标准协会（ASA，现改称 USASI）建议成立集装箱技术委员会，编号为（104/TC 104）。在第 104 技术委正式成立之前，国际标准化组织预先征求了各国的意见，并决定于 1961 年 9 月 11 日 ~ 14 日，在纽约召开 104 技术委员会的第 1 次大会。当时积极赞成的成员团体有 13 个，另有 15 个成员团体以观察员身份出席了大会。

根据国际标准化组织 104 技术委员会章程的规定，104 技术委员会至少每 3 年召开一次大会。自 1961 年国际标准化组织第 104 技术委员会（ISO/TC 104）成立 60 多年以来，集装箱运输的优越性已被货主所接受，为了确保集装箱运输在国际顺利流通，在 ISO/TC 104 的领导和组织下，已制定了一系列的技术基础标准。这些标准包括：集装箱术语，集装箱类型、外部尺寸和额定值，集装箱角件的技术条件，集装箱的技术条件与试验方法，集装箱装卸与拴固，集装箱代码、识别和标记，船上配载集装箱的计划、数据传输，集装箱设备数据交换的通信代码、电子数据交换的信息格式，集装箱设备自动识别等。

集装箱标准化，能够提高集装箱作为共同运输单元在海、陆、空运输中的通用性和互换性，增强运输安全性和经济性，促进国际集装箱多式联运的发展。同时，集装箱的标准化给集装箱的运载工具和装卸机械提供了选型、设计、制造的依据，从而使集装箱运输系统成为相互衔接的系统化、专业化和高效化的体系。

集装箱标准根据其使用范围，分为国际标准、地区标准、国家标准和公司标准 4 种。“标准集装箱”是国际标准集装箱的简称。

二、通用集装箱的部件名称

请扫描二维码学习。

通用集装箱的部件名称
正文内容扫码观看

任务二　认识铁路集装箱运输

情境任务

某货主在成都地区，准备采用集装箱运输。他询问了 95306 客服中心以下问题：

（1）他办理集装箱运输，箱内计划运输货物有：服装、没有包装的炭黑、五金产品，需要具备什么条件才能经由铁路办理集装箱运输？

（2）对于他的货物发站，目前成都周边有新都站、大弯镇站、天回镇站、双流站、普兴站可供选择，到站方面，则有贵阳区域的贵阳西站、都拉营站、石板哨站，昆明区域的王家营西、小喜村站可供选择。他该如何选择？

要求：如果你是 95306 的货运服务员，请按照规章规定帮助货主选择，给出准确解释。

说一说：结合二维码内容以及其他拓展阅读内容，总结中欧班列目前的始发站、运输的货物品名，说一说中欧班列对国家对世界的贡献。

"数字见证中欧班里成绩斐然"
扫码观看

学习目标

（1）理解和掌握铁路集装箱运输办理条件。

（2）知道集装箱运输车辆与装卸搬运设备。

（3）能辨识集装箱运输车辆与装卸搬运设备。

（4）会运用集装箱运输条件规定解决货主的实际问题。

（5）认识铁路集装箱运输作业流程。

（6）培养爱岗敬业、优质服务的职业素养。

任务计划

序号	工作内容	负责人
1		
2		
3		

引导问题

1. 请复习普通货物整车运输作业阶段与每个阶段的作业环节。

2. 如果情境任务是整车运输，你作为货运员，为提供优质安全货运工作，在发送作业中需要关注哪些内容?

3. 收集并观看有关铁路集装箱运输的视频，分析并记录办理集装箱运输应该具备的条件。

4. 请仔细观察图 3-7 中的集装箱货场，画出该集装箱货场的龙门吊区域内外的铁路装卸线、箱区、汽车通道的相对位置示意图。

图 3-7　集装箱货场

5. 假设你是 95306 客服中心的一名货运服务员，请按照规定，给予任务情境中货主专业、完整的回答，并清楚说明这样回答的理由。

6. 结合本节引导问题 5，综合运用文明服务理念，设计咨询交流对话，将其制作为视频并围绕其进行交流。写下你对其他组的成果评价（从专业性、完整性、文明性、可行性等角度入手）。

7. 图 3-8 是一个集装箱装车现场，你从图片中看到了哪些集装箱运输设施设备？

图 3-8　集装箱装卸车作业现场图

8. 收集 2 个集装箱场站的视频，写下视频中出现的集装箱场站的设施设备，并以表格形式综合分析主要集装箱装卸搬运设备特点。

9. 将普通货物铁路集装箱运输流程与整车运输流程进行比较，分析差异，找出集装箱运输的特点及优势。

知识链接

一、集装箱运输条件

1. 集装箱在集装箱办理站间办理运输

集装箱办理站中，有的办理全部箱型的集装箱业务，有的仅办理部分箱型的业务，集装箱只能在办理该箱型的集装箱办理站间运输。

集装箱应采用门到门运输，即用集装箱将各种适箱货物在托运人的工厂或仓库装箱，通过铁路、公路和其他运输方式，直接运送到收货人的工厂、仓库卸箱的运输。在发站和到站接取送达环节，托运人和收货人可使用自有运力或委托运输单位完成，集装箱办理车站应提供便利的工作条件。

特殊情况下，根据托运人、收货人的要求，也可在站内指定区域装、掏箱。铁路集装箱出站时，车站应与门到门运输单位或托运人、收货人签订运输安全协议并收取保证金。

2. 集装箱的使用应符合国家标准或行业标准

经铁路运输的集装箱，集装箱箱主应保证集装箱质量符合国家标准或行业标准，由具有资质的机构进行制造、维修、鉴定、认可，并按规定进行定期检验，保证质量满足铁路运输安全要求。集装箱从出厂到第一次检验的间隔期不得超过 5 年，以后检验的间隔期不得超过 2.5 年。

集装箱应按规定涂打标记和标志，具有集装箱检验单位徽记、国际集装箱安全公约（CSC）安全合格牌照、国际铁路联盟标记，标有定期检验日期或连续检验计划标记，确保集装箱的质量满足铁路运输安全要求。

非标铁路集装箱满足国铁集团货运部公布的运输条件和运输安全要求后，方可上路运输；非标准自备箱办理海铁联运、国际铁路联运（发站或到站为港口站、国境站）以及管内运输的，由发送铁路局集团公司确定运输条件，确认满足运输安全要求后方可上路运输；其他集装箱由发送铁路局集团公司确认满足运输安全要求，提出运输条件，报国铁集团货运部批准后方可上路运输。

3. 必须是适合集装箱运输的货物

承运人和托运人对适箱货物应采用集装箱运输，对于《集装箱适箱货物品名表》中规定的货物，发站有可用空箱时，应采用集装箱运输。

集装箱所装货物应符合所用箱型适箱货物要求，不得腐蚀、损坏箱体；铁路通用集装箱不得装运煤、焦炭等易污染箱体的货物。

下列货物不得混装于同一集装箱内：

（1）易腐货物与非易腐货物。

（2）危险货物与非危险货物。

（3）性质相互抵触的货物。

（4）运输条件不同的货物。

易腐货物一般使用冷藏集装箱运输。在一定季节和区域内不易腐烂、变质、冻损的易腐货物，经托运人和承运人协商一致并签订书面协议后，在保证不影响货物质量的前提下，可使用通用集装箱装运。

铁路危险货物使用铁路通用箱、自备危货箱和罐式集装箱装运。货物品名须符合《铁路危险货物运输管理规则》（简称《危规》）的相关规定。

4. 必须符合集装箱按一批办理的条件

按一批托运的集装箱，每批必须是标记总重相同的同一类型集装箱。铁路箱和自备箱不得按一批办理。

5. 集装箱重量符合规定

铁路集装箱运输，单箱总重不得超过其标记总重；且不得超过发站和到站的集装箱起重能力，在车上直接装卸货物的特种货物箱、专用箱等除外。

6. 其　他

集装箱军事运输按有关规定办理。

集装箱运输危险货物应执行《危规》等铁路危险货物运输规定。

集装箱国际铁路联运，应符合《国际铁路货物联运协定》等国际铁路货物联运规定。

二、集装箱办理站

集装箱办理站是指办理集装箱铁路运输业务的车站，包括国家铁路车站，与国家铁路办理直通运输的合资铁路、地方铁路车站，以及与国家铁路接轨的铁路专用线、专用铁路车站。我国铁路集装箱的办理站名和办理集装箱的专用铁路、专用线名称由国铁集团货运部公布，客户可以在中国铁路 95306 网站查询。

（一）集装箱办理站应具备的条件

（1）有与其运量相适应的，适合集装箱堆存、装卸的场地。

（2）装卸线数量和长度满足生产需要。

（3）具备集装箱称重计量条件。

（4）配备集装箱专用装卸机械，起重能力满足所装卸集装箱总重量的要求。20 英尺、40（45）英尺集装箱起重量不小于 35 吨。装卸机械宜具备称重、超偏载检测功能。

仅办理罐式箱车上装箱、掏箱运输业务的，可不配备集装箱装卸机械，但应有充装、抽卸设施设备。仅办理干散货箱、敞顶箱国上装箱、掏箱业务的，可不配备集装箱装卸机械，但应有货物装载设施设备。

（5）具备良好的硬件、软件和计算机网络环境，能够应用集装箱运输信息系统。

（6）办理特种货物箱和专用箱时，应配备相应的生产和安全设施设备（如：站台、装卸、接充电设施设备等）。

（二）集装箱办理站按箱型分类

集装箱办理站按办理箱型分为：

（1）20 英尺箱办理站。可办理各类 20 英尺箱运输业务。

（2）40（45）英尺箱办理站，可办理各类 40、45 英尺箱运输业务。

（3）特种货物箱、专用箱办理站。包括：20 英尺敞顶箱、20 英尺干散货箱、20 英尺水泥罐式箱、20 英尺液体罐式箱、20 英尺石油沥青罐式箱。20 英尺台架式卷钢箱等办理站。

（三）集装箱运输业务的开办与停办

国铁集团负责国家铁路集装箱的运输组织和统一管理。铁路局集团公司负责管内集装箱的运输组织和经营管理。铁路箱产权单位负责铁路箱的维修、报废等资产管理工作。

车站（包括铁路专用线、专用铁路）开办集装箱运输业务，车站（产权单位）根据货源、办理条件等提出申请，由铁路局集团公司确认满足规定条件后，将以下内容报国铁集团货运部公布：车站名称、铁路专用线或专用铁路名称、起重能力、办理箱型、危险货物运输办理情况。

车站（包括铁路专用线、专用铁路）停办集装箱运输业务，由铁路局集团公司将以下内容报国铁集团货运部公布：车站名称、铁路专用线或专用铁路名称、停办箱型、停办原因，临时停办集装箱运输业务的，还需报停办日期范围。

车站停办集装箱运输业务时，应清查站存铁路箱，及时组织回送。

（四）集装箱作业场

铁路车站要开办集装箱业务，必须设置集装箱作业场，并且配置相应的装卸机械和搬运设备，以便提高装卸作业效率，加速车辆和集装箱的周转，充分发挥集装箱运输的优越性，实现门到门运输。

1. 集装箱作业场的构成

集装箱作业场应设装卸场，根据需要可设掏装箱场。

装卸场应设主箱场、辅助箱场、场内道路、门区、停车场及辅助生产设施等。装卸场应与其他场区隔开独立设置，并设置必要的封闭设施。

掏装箱场应设拆装箱场场地、拆装箱库、道路、大门等。拆装箱场应独立设置，并应有与装卸场衔接的通道、大门及信息管理系统。

2. 集装箱作业场的配置

集装箱作业场的主要设施除了包括装卸线、集装箱龙门起重机走行线、到达重箱区、待发重箱区、空箱区、装箱区、备用箱区、待修（定修和临修）箱区外，还包括轨行式集装箱龙门起重机、装卸搬运辅助机械、维修组、汽车停车场、生产和办公房屋等。

（1）装卸线的配置。

装卸线的装卸有效长度应按集装箱的货运量、不平衡系数、平均静载重、箱位布置、堆码层数和占用货位时间等因素计算确定。

装卸线的有效长度一般不宜小于 140 m。当组织集装箱直达列车时，每列车按 50 辆计，一般应铺设两条装卸线，每条装卸线的有效长度不应小于 350 m。

在采用集装箱龙门起重机装卸作业时，装卸线应设置在跨度内靠走行轨旁，这样设置既有利于龙门起重机的使用和生产的安全，也便于集装箱货场的改建和扩建。

（2）箱区的布置。

集装箱应固定作业场地，分区码放，与其他货物分开存放。

集装箱货场应使用集装箱运输相关信息系统实行按箱位管理；堆场应划分箱区箱位，在地面作出明显标识，留有检查作业通道。

箱区的布置应遵循以下几条原则。

① 到达的“门到门”箱区应设置在集装箱门式起重机跨度内，靠汽车通道箱列内；发送的“门到门”箱区应设置在靠铁路装卸线的箱列内。

② 掏装箱区宜设在集装箱门式起重机悬臂下，靠汽车通道的箱列内，如图 3-9 所示。

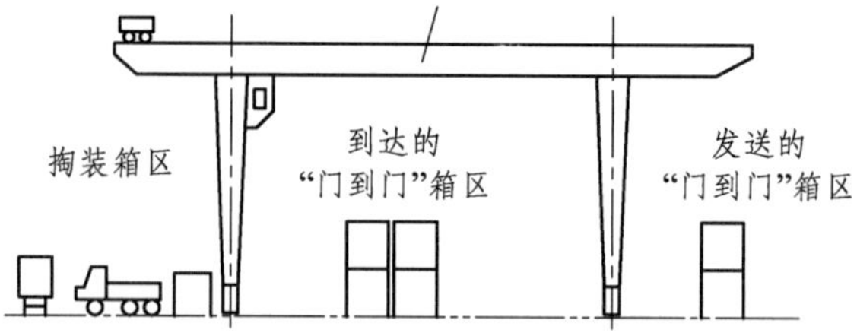

图 3-9 集装箱场布置图

③ 集装箱场为尽头式时，20 ft 和 40 ft 集装箱区宜设在装卸线尽头端部的集装箱门式起重机下。

④ 装箱的空箱区宜设在集装箱门式起重机作业范围内且便于装卸铁路车辆的地点。

⑤ 大型集装箱场可设在集装箱装卸作业区外，另设专用的掏装箱及堆箱场地。

⑥ 有定修工厂时，定修箱区宜布置在龙门起重机作业范围外靠定修工厂，无定修工厂时，定修箱区宜布置在龙门起重机范围内便于装卸车的地点。

⑦ 备用箱区宜布置在龙门起重机作业范围附近的场地。

（3）箱位的布置。

① 用龙门起重机装卸时，箱位宜纵向布置。但当横向布置能增加箱位数量时，也可以采用横向布置。

② 用叉车或集装箱吊运机械辅助作业时，箱位布置应使箱的叉孔面对作业区，作业区的宽度不得小于 9 m。

（4）箱位布置的有关间距。

① 20 ft 箱和 40 ft 箱一箱组内两相邻箱位边缘间距为 0.3 m。

② 箱组间供工作人员走行的道路的宽度应为 0.6 ~ 0.8 m。

③ 集装箱区两箱门间的距离应不小于 1.4 m，兼作"门到门"箱装汽车的通道时，其宽度不应小于 3.5 m。

④ 集装箱边缘至装卸线中心的距离不小于 2.5 m；集装箱边缘至道路边缘的距离不小于 0.8 m。

三、集装箱装卸、搬运机械设备

集装箱运输优越性之一是具有快速装卸和搬运的配套设施设备，便于机械化作业，极大地提高装卸、搬运作业效率。因此，在集装箱场内必须配备一定数量的集装箱装卸、搬运机械设备。集装箱运输装卸、搬运机械设备主要包括集装箱场作业机械设备和掏装箱机械设备。

（一）堆场作业机械设备

1. 门式起重机

集装箱门式起重机是集装箱场的主型装卸机械，一般可按运行方式或主梁结构特点进行分类。

（1）按运行方式不同，门式起重机分为埋轨式和轮胎式两种，如图 3-10 所示。

（a）埋轨式门式起重机（1）

（b）埋轨式门式起重机（2）

（c）轮胎式门式起重机

图 3-10　门式起重机

① 埋轨式门式起重机。

埋轨式门式起重机是集装箱场进行装卸、搬运和堆码集装箱的专用机械。它由两片双悬臂的门架组成，两侧门腿用下横梁连接，支承在四套行走轮平衡台车上，由其中的驱动车轮驱使起重机在轨道上行驶。具体包括门架、大车运行机构、小车架、小车运行机构、起升机械、旋转机构、导向架以及司机室等。司机室内有操纵台，操纵起重机各个机构的运转。

起升小车在门架的轨道上运行，小车上有回转小车，可作 207°的回转运动。起升机构通过导向滑轮组和集装箱吊具来装卸集装箱。

埋轨式门式起重机的特点是必须在限定的轨道上运行，灵活性较差，作业范围受到一定的限制；但结构简单，操作容易，便于维修保养，易于实现自动化，便于铁路货车和汽车的装卸作业，经济效益好，因此在铁路集装箱场内被普遍采用。

② 轮胎式门式起重机。

轮胎式门式起重机是由前后两片门框和底梁组成的门架，支承在充气轮胎上，在堆场行走，并通过装有集装箱吊具的行走小车沿着门框横梁上的轨道行走，从底盘车上装卸、堆码集装箱。

轮胎式门式起重机的特点是机动灵活，堆码 3～4 层，提高堆场面积利用率，易于实现自动化作业。其主要缺点是自重大、轮压大、轮胎易磨损、造价也比较高，操作比较复杂。

（2）按悬臂不同，门式起重机分为双悬臂式、单悬臂式和无悬臂式等。其中双悬臂式门式起重机由于跨度大和起升高度高，可以跨越铁路线和汽车道路，在跨度内、悬臂下直接进行集装箱的装卸、搬运和堆码作业，因而被集装箱场大量采用。

（3）按主梁结构的不同，门式起重机分为桁架式和箱形梁两种，其主要区别在于主梁为桁架结构或箱形结构。

2. 旋转式起重机

旋转式起重机主要有轮胎起重机、汽车起重机和履带式起重机，如图 3-11 所示。

（a）轮胎起重机　　（b）汽车起重机　　（c）履带式起重机

图 3-11　旋转式起重机

3. 集装箱正面吊运机

集装箱正面吊运机是一种新型移动式集装箱装卸搬运机械，如图 3-12 所示，主要由车架、三角支承架、伸缩臂架和吊架组成，采用液压驱动，使整机操作灵便、平衡。它的结构特点表现在其设置有可伸缩和左右共旋转 120°的吊具，可伸缩的吊臂能够使正面吊运机跨过第一排直接抓取第二排的集装箱，减少倒箱次数；可左右共旋转 120°的吊具能够在正面吊运机与集装箱不正对的情况下直接抓取集装箱，减少调整叉车的时间，便于在堆场进行吊装和搬运作业。设置有可变幅的伸缩式臂架及多种保护装置，既能保证安全操作，又可加装吊钩，吊装其他重、大件货物。

图 3-12　集装箱正面吊运机

4. 集装箱叉车

集装箱叉车主要用于装卸、搬运和堆码集装箱。集装箱叉车的优点是机动灵活，作业范围大，相较其他集装箱机械，其设备购置费用低廉。通过更换属具，可用来装卸搬运其他货件，实现一机多用的效果，如图 3-13 所示。

图 3-13　集装箱叉车

集装箱叉车缺点：常用的正面集装箱叉车横向尺寸大，所需通道宽度大（约 14 m），且堆码层数较少，使堆场面积和高度的利用率较低；满载时前轮压大，对码头前沿和堆场通道路面的承载能力要求高；行走时视野会被集装箱阻挡，不方便作业。与正面吊运机对比，门架可垂直伸缩、吊具不可左右旋转，抓取集装箱时必须与集装箱垂直且居中，且只能对第一排箱作业，机动性较弱。

5. 集装箱跨运车

集装箱跨运车是一种用于集装箱短途搬和堆码的专用机械。它以门形车的形式跨在集装箱上，由装有集装箱吊具的液压升降系统吊起集装箱，如图 3-14 所示。集装箱跨运车一般以柴油机为动力，通过机械传动方式或液力传动方式驱动，进行集装箱的搬运和堆码工作。

图 3-14　集装箱跨运车

集装箱跨运车的最大特点是机动性好，可一机多用，主要在集装箱场中与门式起重机配套使用。跨运车负责将铁路车辆上卸下的集装箱搬运到集装箱场并堆码，或将集装箱场上的集装箱搬至铁路装卸线附近，再由门式起重机进行装车。跨运车也可与拖挂车配合，由拖挂车负责集装箱的搬运，跨运车负责集装箱的装卸和堆码作业。其主要缺点是造价较高，维修费用较高，驾驶员视野有待改善。

6. 集装箱堆垛机

集装箱堆垛机及与集装箱叉车相比，吊具的位置发生改变，能够从侧面抓取集装箱，便于司机观测顶角件上的吊孔，门架高度加大，如图 3-15 所示。最高可堆存 8 层集装箱，主要用于在集装箱堆场堆存空集装箱。

图 3-15　集装箱堆垛机

（二）掏装箱机械设备

掏装箱作业机械设备一般采用低门架叉车、手推搬运车等，如图 3-16 所示。

图 3-16　叉车

四、装运集装箱的车辆

集装箱宜使用集装箱专用平车（X）和平车集装箱共用平车（NX）装运，也可使用敞车（C）装运，禁止使用普通平车（N）装运。

集装箱专用平车是专门用于装运集装箱的特种车辆，有单层和双层两种。单层集装箱专用车有早期生产的 X_{6A}、X_{6B}、X_{6C} 型车，还有适应快运的 X_{1K}、BX_{1K}、X_{3K}、X_{4K}、X_{6K}、X_{6BK}、X_{6BT}、X_{6CK}、X_{6CT}、X_{70} 型车等。BX 集装箱车组可以用于装运冷藏集装箱，如图 3-17 所示。部分集装箱专用车技术参数见表 3-3。

图 3-17　BX_{1K} 集装箱专用车

双层集装箱专用车有 X_{2K}，X_{2H} 等，如图 3-18 所示，适用于 20 ft、40 ft 国际标准集装箱和 45 ft、48 ft、50 ft、53 ft 等长大集装箱。装后集装箱和货物总重不得超过 78 t，重车重心高不得超过 2 400 mm。

图 3-18　双层集装箱专用车

表 3-3　部分集装箱专用车主要技术参数

车型	X_{6A}	X_{6B}	X_{6C}	X_{1K}	X_{3K}	X_{4K}	X_{6K}	X_{6H}	X_{2H}	X_{2K}
自重/t	18.2	22.2	20	20	22	21.8	≤18	21	≤22	≤22
载重/t	50	60	60	50	60	72	61	61	78	78
承载面距轨面高/mm	1 162	1 166	1 174	1 160	1 159	1 140	1 140	1 160	290	290
车辆长度/mm	13 938	16 338	16 338	14 738	19 366	19 416	13 230	16 338	19 466	19 466
车底架长/mm	13 000	15 400	15 400	13 800	18 400	18 400	12 300	15 400	18 500	18 500
车辆宽度/mm	3 224	3 220	3 220	3 170	2 750	2 890	2 850	3 030	2 912	3 140
车辆定距/mm	9 300	10 920	10 920	9 700	14 600	14 200	8 900	10 920	15 666	15 700
运行速度/（km/h）	100	100	100	120	120	120	120	120	120	120
适用箱型	20 ft/40 ft							20 ft/40 ft/45 ft/48 ft/50 ft	20 ft/40 ft/45 ft/48 ft/50 ft/53 ft	

五、铁路集装箱运输流程

铁路集装箱运输流程如图 3-19 所示。

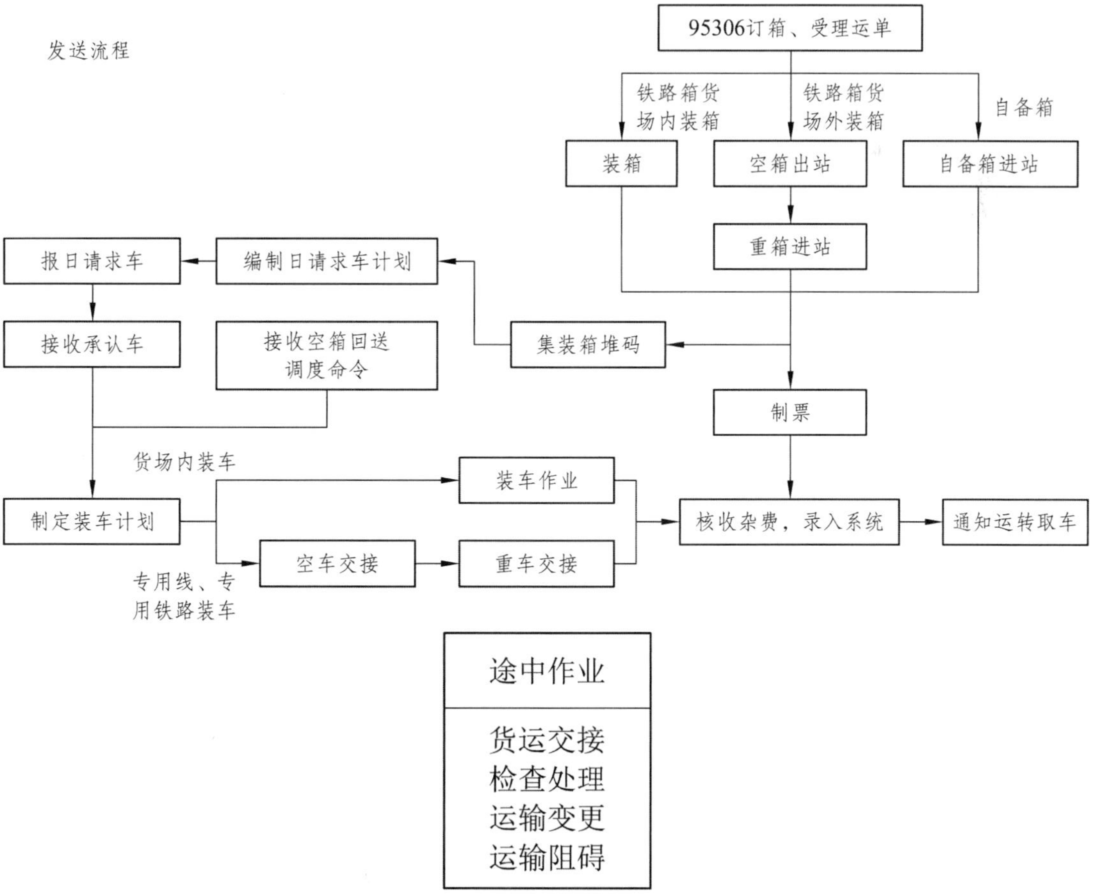

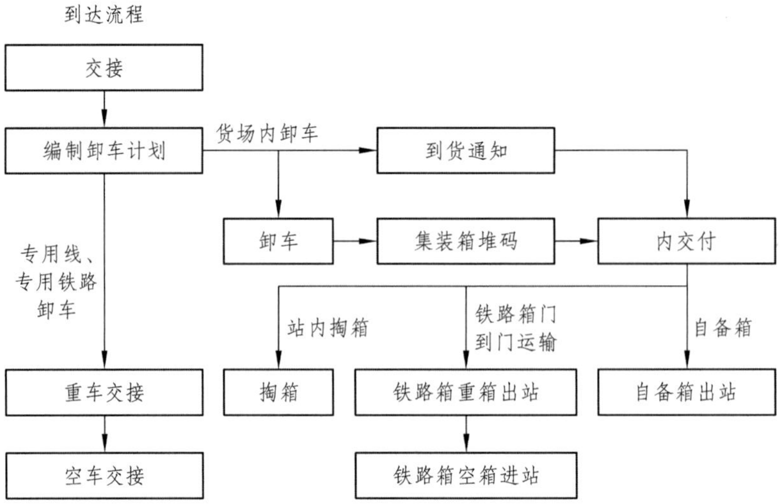

图 3-19　铁路集装箱运输作业流程

任务三　受理集装箱运输并组织车站发送作业

情境任务

情境一：某交通通道运营有限公司在团结村站发运一批玻璃瓶，货物总重量 25 960 kg，货物价格 10 000 元。收货人为宁波盛世物流有限责任公司。该批货物准备发往北仑港站，选择门到门运输，保价运输（运价里程 2 133 km，取货里程 30 km）。

情境二：张三有一批品名为炉渣的散堆装货物（炉渣：冶金熔炼过程中所产生的渣滓。它包含金属杂质、燃料灰和熔剂等，可作水泥和砖等的原料，是建筑回填物的良好选择，价格便宜，非怕湿货物）。现共计 320 t 炉渣需要通过铁路货运运输至青杠站，该批货物位于德阳市旌阳区一工厂内，相邻铁路车站有德阳站、广汉站、黄许镇站。

要求：

（1）作为货运服务员，请你受理两批货物运输需求。

（2）作为车站货运员，请你组织两批货物的发站货运作业。

读一读：结合集装箱车站作业典型工作任务，请对照二维码中新时代铁路榜样朱雪东的故事，思考在集装箱车站业务领域新时代劳模精神是什么？就你而言，在学校期间培育劳模精神的外部途径和自我措施有哪些？

新时代铁路榜样案例
扫码观看

学习目标

（1）熟悉铁路车站集装箱发送作业流程及其内容和要求。

（2）掌握铁路集装箱进出站规定。

（3）掌握集装箱装箱规定。

（4）掌握集装箱装车规定。

（5）能依规组织车站集装箱发送作业。

（6）牢固树立遵章守纪、安全第一、责任担当的职业意识。

任务计划

序号	工作内容	负责人
1		
2		
3		

引导问题

1. 温故知新，简述组织铁路集装箱车站发送作业的环节。

2. 某货主托运货物的具体信息如下：发站为大弯镇站，服装，20 t，200 件，70 m^3，到站都拉营站，要求门到门运输；还有一批货物，电子器件，27 t，100 件，20 m^3，到站王家营站。

现有铁路集装箱 20 ft 箱 4 个，40 ft 箱 2 个，请选用配置铁路集装箱，并说明理由。

3. 请结合货物性状、车站营业办理限制，分别受理情境一、情境二的货物运输。并说明你的判断过程，规章依据（提示：包括从货物性状、运输办理种类和车站营业办理限制确定办理种类，选用集装箱，确定发站等内容）。

4. 完成情境一的集装箱发站作业流程。

5. 情境二中，重箱进入铁路集装箱作业场，完成重箱检查的重点内容。

6. 作为货运员，你听取了货运值班员强调的集装箱承运后装车前应注意的事项，请你记录下来。

7. 小组讨论探索，应如何保证集装箱的装车作业安全。

知识链接

一、托运与受理

（一）提出需求，95306 系统订箱

托运人办理集装箱运输应按批提出运单，每批应符合铁路集装箱办理条件。

托运人通过 95306 系统进行铁路通用箱、35 t 敞顶箱网上预订。出站后重去重回的铁路箱不需订箱。95306 系统对空箱按“先到先得”的原则自动分配，并在 95306 系统实时自动公示；配箱后自动生成运单需求联。

集装箱装运两种及以上品名的货物时，托运人应按箱填写物品清单，一式两份，一份经托运人签字盖章后由发站留存，一份交托运人。

集装箱内单件货物重量超过 100 kg 时，托运人应在运单“托运人记事”栏内分别注明实际重量。

托运人应如实、准确填记运单。箱内所装货物名称、件数、重量及使用的集装箱箱型、集装箱号码、施封号码等应与运单（物品清单）记载的内容相符。填写运单“箱型箱类”时，箱型应填集装箱对应箱型，如“20 ft”“25 ft”“40 ft”“45 ft”“50 ft”。箱类填集装箱对应箱类，如“通用标准箱”“35 t 敞顶箱”等。

托运人对其在运单、物品清单内填记内容的真实性负完全责任。

（二）受理运输需求

1. 统一受理和审核运单

局集团公司货运服务中心在 95306 系统进行实货核实并受理电子运单需求联，按运单填制办法逐项审核，符合集装箱运输条件、一批办理托运条件、车站营业办理范围，戳记齐全，所附证明文件齐全有效。

2. 安排装箱计划，批准集装箱进站日期

与托运人预约领取 95306 预先分配的空箱、进货时间。

二、装　箱

（一）铁路箱货场外装箱

1. 空箱出站

托运人应使用状态良好的集装箱。托运人使用铁路集装箱装运货物时，在 95306 打印提箱单（见图 3-20），按照约定日期，凭提箱单或需求号（运单需求联）到车站领取铁路空箱。

(请使用A4纸打印1)　　打印　返回

铁路箱提箱单

填记人：　　　　填记时间：　　　　甲联/乙联

预订号	DH2012160002	发站	北郊	到站	昂昂溪	箱型	20英尺
托运人	杨×	收货人	王××			箱类	通用标准箱
装车地点	铁路货场	卸车地点	铁路货场				
预订数	2　配箱数　2	退订数	0	逾期未提箱数		核减数	0
提箱人	上海恒通运销有限公司	提箱日期	2020-12-17			提箱站	

提箱记录：

序号	箱号	配箱时间	出站(站内装箱)时间	落空责任及原因
1		12-16 21:15		
2		12-16 21:15		

退换记录：

序号	原箱号	进站时间	新箱号	出站时间	落空责任及原因

提箱人（章）		车站日期戳	
提箱经办人（签字）		车站经办人（签字）	
联系电话		联系电话	

备注：1. 本提箱单一式两联，由提箱单位盖章，甲联由车站留存，乙联由提箱单位留存。
2. 本提箱单留存1年。

图 3-20　铁路箱提箱单

车站安排空箱。货运员核对 95306 订箱信息，确认无误，指定拨配箱体状态良好的集装箱。托运人在领取前必须检查箱体状况，发现箱体状况不良时应及时提出，由车站予以更换。

拨配空箱时，货运员应做好以下工作：

（1）核对批准的，进箱日期及需要拨配的空箱数量。

（2）指定箱号。

（3）在站外装箱的要认真填写《铁路箱出站单》（见图 3-21）。

（4）由托运人按规定签认后，取走空箱。

铁路箱出站单

____站存查　　　　甲联

No. XXXXXX

出站填记（空　重）						
托运/收货人					调度命令号	
到站/运单号		箱型箱号			接收站	
箱体状况	割伤C　擦伤B　破洞H　凹损D 破损BR　部件缺失M　污箱DR			如有异状，请注明程度和尺寸		
领箱人					备注	
搬出汽车号		破损记录号		车站经办人	出站日期	
进站填记（空　重）						
箱体状况	割伤C　擦伤B　破洞H　凹损D 破损BR　部件缺失M　污箱DR			如有异状，请注明程度和尺寸		
还箱人					备注	
搬入汽车号		破损记录号		车站经办人	进站日期	

门卫验放：（章）

说明：1. 铁路箱空箱出站时，将收货人、运单号抹消；重箱出站时，将托运人、到站抹消。
2. 甲、乙联可用不同颜色印制。
3. 各站可根据管理需要，增加联数。

（a）铁路箱出站单甲联

铁路箱出站单

____站　　随箱联　　　　　　　　乙联

No. XXXXXX

出站填记（空　重）							
托运/收货人						调度命令号	
到站/运单号		箱型箱号				接收站	
箱体状况	割伤C. 擦伤B. 破洞H. 凹损D. 破损BR. 部件缺失M. 污箱DR.				如有异状，请注明程度和尺寸		
领箱人						备注	
搬出汽车号		破损记录号		车站经办人		出站日期	
进站填记（空　重）							
箱体状况	割伤C. 擦伤B. 破洞H. 凹损D. 破损BR. 部件缺失M. 污箱DR.				如有异状，请注明程度和尺寸		
还箱人						备注	
搬入汽车号		破损记录号		车站经办人		进站日期	

门卫验放：　（章）

领箱人须知

1. 如本单记载与实际不符，应在出站前要求更正。
2. 应及时将铁路箱送回，超过规定时间需支付集装箱延期使用费。
3. 保证箱体完好，发生损坏、丢失须赔偿。
4. 本单乙联随箱同行，还箱时将乙联交回。
5. 还箱收据盖戳后，保存60日。

还箱收据

本单记载的铁路箱已交回车站，收据请保存60日。

备注：

车站经办人：　　　　　　车站日期戳记：

A000001

（b）铁路箱出站单乙联

图 3-21　铁路箱出站单

拨配空箱时，货运员应会同托运人认真检查箱体状况，检查内容如下：

（1）箱顶是否透亮。

（2）箱壁是否有破孔。

（3）箱门能否严密关闭。

（4）箱门锁件是否完好。

托运人（收货人）可自行安排集装箱汽车取送集装箱，也可委托车站办理，车站均应提供便利条件。

托运人（收货人）领取铁路箱出站的，车站应与托运人（收货人）签订铁路箱出站使用协议，明确免费使用期限、延期使用费、进出站检查、损坏和丢失赔偿等事项，并可收取一定的保证金。

2. 装箱与施封

（1）装箱。

集装箱的装箱由托运人负责。装箱地点可以在站外，也可以根据托运人要求，在站内指定区域装箱。

装箱前，核对运单信息，确认信息无误。确认箱体状态良好，将集装箱上残留的无关标识、杂物清除干净。

装箱时，充分利用箱内容积，码放稳固，装载均衡，不超载、不集重、不偏重、不偏载、不撞砸箱体，采取防止货物移动、滚动或开门时倒塌的措施。铁路局集团公司应与托运人明确约定：敞顶箱装运易扬尘货物，托运人应采取苫盖篷布或抑尘等环保措施；敞顶箱冬季运输时，托运人应按铁路局集团公司要求采取喷洒防冻液等防冻措施。特种货物箱、专用箱应符合其铁路运输技术条件、试运方案的有关规定。装箱完毕后，锁闭箱门、孔盖、阀门等部件，保证箱内货物和集装箱的运输安全。

（2）施封。

集装箱的施封由托运人负责，通用集装箱重箱必须施封。托运的重集装箱应当施封（结构上无法施封的除外）；通用集装箱施封时，确认左右箱门锁舌和把手入座后，在右侧箱门把手锁件施封孔处施封一枚；其他类型集装箱根据实际情况采取适合的施封方法。铁路局集团公司应与托运人明确约定：托运的空集装箱可不施封；托运人应关闭箱门，确认左右箱门锁舌和把手入座。

对已施加海关封或托运人已施加自备商业封的集装箱，可不再施加铁路封。不施加铁路封时，铁路局集团公司应与托运人明确约定:托运人应在货物运单“托运人记事”栏内注明“交接集装箱使用××海关封（托运人自备商业封）”；施封号码填写海关封或托运人自备商业封号码。

托运人在装箱完毕后，在 95306 系统运单填写功能中补填箱号、施封号码。

三、验收（重箱进站）

发送的集装箱应于约定进站日期当日进站完毕。站内装箱的应于约定进货日期当日装完。超过期限的自超过之日起核收集装箱延期使用费。

托运人装箱后，发站接收重箱是责任转移的过程。发站货运员必须认真做好集装箱的验收工作，逐箱进行检查。验收工作包括：

（1）核对信息。确认运单上填记的箱号、施封号码等信息与集装箱一致，箱号与施封号码是否对应；审核托运人提供的装箱照片。

（2）开箱检查。铁路局集团公司有权对集装箱货物品名、重量、数量、包装、装载状况等进行检查。需要开箱检查货物时，在发站应通知托运人到场，在到站应通知收货人到场。

车站应根据货源情况等对发送集装箱应采取开箱检查等方式，检查货物名称、装载情况，防止出现匿报谎报货物品名、装载加固不良等问题。

（3）称重。称重设备是经过检定的计量衡器。发站逐箱称重并打印磅单，并将重量和施封号信息填入“铁路集装箱运输管理信息系统”。托运的集装箱每箱总重不得超过其标记总重。对超过标记总重的集装箱，车站要纠正后方可运输，并按规定核收复查产生的作业费。

（4）箱体状况是否良好。这包括两方面的含义，一是如果发现在装箱过程中有破坏箱体的情况，可要求托运人赔偿；二是如果箱体不良且可能危及货物安全的，应更换集装箱。

检查箱门是否关好，锁舌是否落槽，把手是否全部入座。锁舌如果不入槽，箱门会处于假关闭状态；把手如果不入座，装卸时极易损坏集装箱。

托运人有违约责任时，铁路局集团公司应按合同约定或有关规定向托运人或收货人核收违约金和因检查产生的作业费用。可继续运输的，车站应会同托运人补封，编制普通记录。

检查发现有问题时，由托运人按规定改正后检查接收。

四、制票与承运

（一）核算制单

车站接收集装箱完毕，在集装箱运输信息系统中进行“检斤验货”确认操作后，局集团公司货运服务中心进行制票。

通过“货票系统”，在需要计费的运单票种中及时查询检索已检斤验货的运单信息，根据实际作业补充有关记事，信息核对完整后，生成费用信息。核实费用信息无误，生成带运单号的电子运单，如图 3-22 所示。

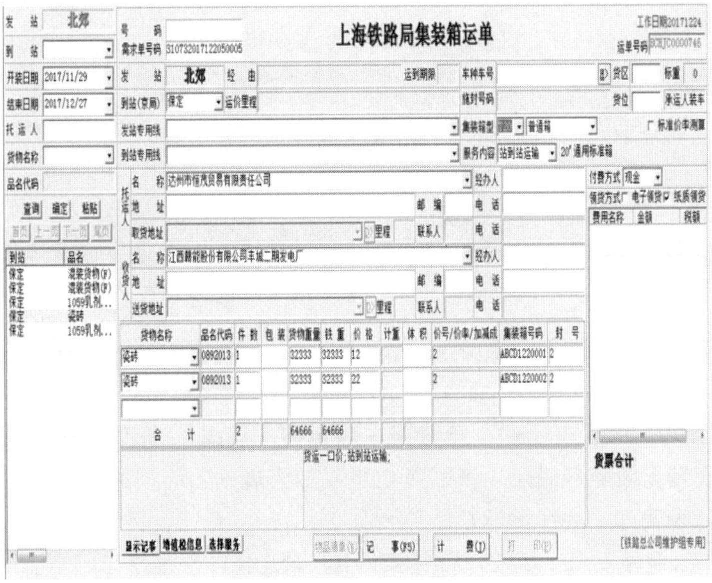

图 3-22　集装箱运单

（二）承运

对于生成的电子运单，货主可根据需要打印，包括托运人存查联、领货凭证联（托运人约定非电子领货时需要，电子领货时则不需要）、物品清单。托运人在物品清单（混装货物）上电子签字，承运人在运单各联、物品清单（混装货物）上加盖电子始发车站戳，托运人在系统中接收到信息和戳记完整的货物运单托运人存查联、领货凭证联（托运人约定非电子领货时）、物品清单，即为承运。

五、集装箱堆码

集装箱应固定作业场地，分区码放，与其他货物分开存放。集装箱货场使用集装运输相关信息系统实行按箱位管理；堆场应划分箱区箱位，在地面做出明显标识，留有检查作业通道。

码放集装箱时，必须关闭箱门，码放整齐，箱门朝向应保持一致。多层码放时，角件对齐，不超过限制堆码层数。

装卸和搬运集装箱应使用集装箱装卸搬运机械，对系列 2 集装箱应使用一侧(两侧)无导板或采用可调式(翻转式)导板的集装箱吊具。装卸和搬运作业应稳起轻放，防止刮蹭、冲撞集装箱和货车；对冷藏箱应考虑箱体重心偏离情况。集装箱装车时，不得采用在货车上焊接、钉固等损坏车辆的加固方式。

六、装　车

（一）请求车

1. 编制日请求车计划

车站编制日请求车计划。要求日请求车计划与运力相匹配，以最大限度将待发箱纳入日请求车计划。

2. 提报日请求车

在集装箱运输管理信息系统中及时、规范提报日请求车。

3. 接收承认车、空箱调度命令

在集装箱运输管理信息系统中及时、完整接收承认车、空箱调度命令等信息。

（二）装　车

1. 制定装车计划

装车计划尽量落实承认车计划；检查现车满足装车要求；车种车型符合要求，装载在同一辆货车上的集装箱重量差应满足《铁路货物装载加固规则》的相关规定，同一到站、去向的集装箱装载在相邻车辆上，装卸搬运总距离合理。

集装箱宜使用集装箱专用平车或共用平车装运，禁止使用普通平车装运。确需使用敞车装运集装箱时，运行速度应执行有关规定，重箱防止偏载偏重。进入青藏线格拉段（不含格尔木站）和拉日线集装箱运输时，重集装箱禁止使用敞车装运，空集装箱（板架集装箱除外）禁止使用未安装 F-TR 型锁的集装箱专用平车装运。发往台州南站的集装箱禁止使用敞车装运。

2. 装车作业

（1）向站调报告空车送到货物线时间。

（2）装车前检查。

装车前，进行票、箱、车三检。检查货票是齐全，票箱是否相符。集装箱装车前，必须清扫干净车地板，确认箱体、车体上无杂物。使用集装箱专用平车或共用平车时，装车前必须确认锁头齐全、状态良好；装车后必须确认锁头完全入位，箱门处的集装箱专用平车门挡或共用平车端板立起。

检查完毕，及时报告装车开始时间。

（3）装车。

使用铁路货车装运集装箱时，全车集装箱总重不得超过货车标记载重，且应符合货车装载技术条件要求，保证货车不出现超载、偏载、偏重等问题。集装箱不得与其他货物装入同一辆货车内。

端部有门的20英尺箱使用集装箱专用平车或共用平车装运时，箱门应朝向相邻集装箱；但使用X_{4K}集装箱平车，两端箱位装载集装箱、中间箱位未装载集装箱时，箱门应朝向外侧门挡。

装车时，稳起轻放，不冲撞箱体，不错装、不漏装。逐箱称重并打印磅单。不得采用在货车上焊接、钉固等损坏车辆的加固方式。

（4）装车后检查。

装车后，对车辆装载状态进行检查。要求箱体外状良好；装载加固符合要求，平车装载时，锁头入位，门挡立起；敞车装载时，集装箱居中，放置加固材料稳定有效。

未安装F-TR型锁的集装箱专用平车或共用平车装运空集装箱时，必须使用4股及以上8号镀锌铁线捆绑牢固。其中，使用共用平车时，将集装箱底部角件与车辆捆绑牢固；使用专用平车时，将相邻两箱底部角件捆绑在一起，仅装运一箱时，将集装箱底部角件与车辆底架捆绑牢固。

（5）填写“货车装载清单”。

集装箱“货车装载清单”（简称“装载清单”），是铁路内部作业货物交接凭证和责任划分的依据，也是集装箱装卸车作业的依据。集装箱装车前，车站必须填制装载清单，作为装车作业的依据。

集装箱装车时，应填制货车装载清单，记明箱号、车号等信息。需要使用货运票据封套时，应在货运票据封套的右上角加盖集装箱类型戳记并填记箱号，在“货物品名”栏内按《铁路货车统计规则》规定填记“箱主+箱型+重（空）+箱数”，在“货物实际重量”栏内填记全车集装箱总重。

将装载清单信息录入系统，最终在铁路集装箱运输管理信息系统生成“货车装载清单”。

如果在专用线、专用铁路装车，则按要求做好空车交接。装完车后，做好重车交接。

装车完毕，根据需要核收杂费，在系统完成取车通知。

任务四　组织车站集装箱到达作业

情境任务

某交通通道运营有限公司在团结村站发运一批玻璃瓶，货物总重量 25 960 kg，货物价格 10 000 元。收货人宁波盛世物流有限责任公司。该批货物到达北仑港站，门到门运输，保价运输（运价里程 2 133 km，送货里程 30 km）。

使用铁路集装箱运输，TBJU7479396，施封号码 709421。

要求：组织该批货物集装箱车站到达作业。

想一想：请阅读“集装箱货物运单有误，货物遭遇冒领”案例，讨论分析为了避免发生误交付等货物损失事故，货运员应具备哪些职业素养。

集装箱货物运单有误，
货物遭遇冒领案例
扫码观看

学习目标

（1）熟悉铁路车站集装箱到达作业流程及其内容和要求。

（2）掌握铁路集装箱交接规定。

（3）掌握集装箱交付规定。

（4）能依规组织车站集装箱到达作业。

（5）牢固树立遵章守纪、安全第一、责任担当的职业意识。

任务计划

序号	工作内容	负责人
1		
2		
3		

引导问题

1. 温故知新，简述组织铁路集装箱车站到达作业环节。

2. 完成情境任务中的集装箱货物到站作业流程。

3. 观看集装箱装卸车作业视频，结合图 3-23 和 3-24 描述的装卸箱操作要点，画出示意图。

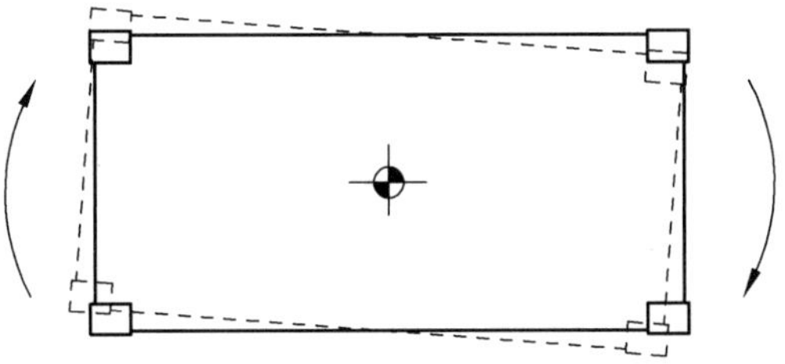

图 3-23　集装箱下落过程中落入 F-TR 锁的状态

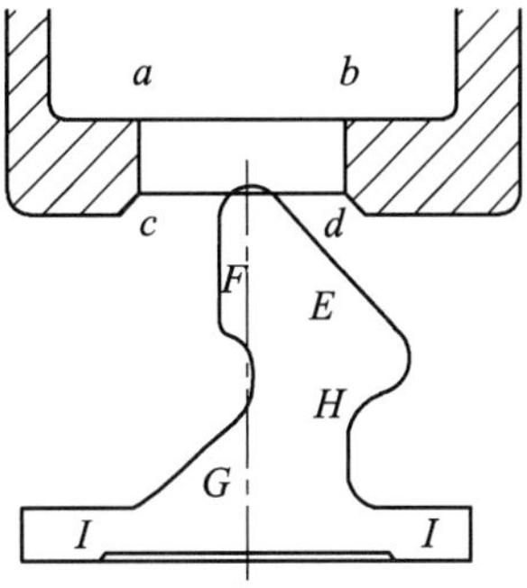

图 3-24　集装箱角件与 F-TR 锁

4. 在情境任务中，集装箱于 1 月 1 日到达。北仑港站卸车发现集装箱施封锁丢失，并于 1 月 1 日发出领货通知，收货人于 1 月 5 日办理交付将箱拉出，1 月 20 日将箱送还。请完成：

（1）到站卸车时发现的问题应如何处理?

（2）收货人接收重箱时要如何交接?

（3）铁路集装箱“重出空返”时应注意哪些作业要点?

（4）查阅规章，已知 20 ft 箱仓储费 75 元/箱日，集装箱延期使用费 10 元/箱日，该站所在局规定第 6 日开始 20 ft 箱集装箱延期使用费 60 元/箱日。

请计算产生的铁路杂费。

5. 在集装箱运输各个环节中，有哪些环节产生交接? 货运作业人员如何做好交接工作才能划分责任、确保集装箱的货物安全?

知识链接

一、车站集装箱到达作业

（一）集装箱交接

列车到达，集装箱场货运员及时报告重车送到货物线时间，接收重车。要求认真核对现车数据，确认车号、封套一致，车辆装载状态良好，发现问题按规定及时处理。

（二）编制卸车计划

编制卸车技术，合理分配箱区箱位，做到装卸搬运总距离合理。

（三）在集装箱场卸车的作业流程

1. 到货通知

到站应不迟于卸车次日通知收货人领取集装箱货物。收货人拒领或无法找到收货人时，到站及时按规定处理。

2. 卸　车

（1）报告作业开始时间。

（2）卸车前确认车号。

集装箱卸车前，凭装卸作业单核对确认待卸车车号。

（3）卸车。

货运员按卸车计划组织、督导集装箱卸车。集装箱卸车时稳起轻放，不冲撞箱体，不错卸、不漏卸。称重并打印磅单。

卸车作业时，对安装 F-TR 型锁的集装箱专用平车或共用平车，须确认箱车完全分离后再进行后续作业。

（4）卸车后检查。

卸车后，检查箱体状况，持装卸作业单核对箱号、箱数、施封锁内容，注明箱位，将车辆清理干净。

货运员要确认作业单、箱、磅单一致，箱体状况良好，施封有效，发现异状，如实编制记录。

（5）信息报告。

卸车货运员向货调报告卸车完了的时间，将信息录入有关集装箱信息系统。

3. 集装箱堆码

集装箱应固定作业场地，分区码放，与其他货物分开存放。集装箱货场使用集装运输信息系统实行精确的箱位管理，通过电子终端设备实时采集，录入作业信息；堆场应划分箱区箱位，在地面做出明显标识，留有检查作业通道。

码放集装箱时，必须关闭箱门，码放整齐。多层码放时，角件对齐，不超过限制堆码层数；系列 2 集装箱采用超宽角件，不得与系列 1 集装箱上下层混合码放。

装卸和搬运集装箱应使用集装箱装卸搬运机械，对系列 2 集装箱应使用一侧（两侧）无导板或采用可调式（翻转式）导板的集装箱吊具。装卸和搬运作业应稳起轻放，防止剐蹭、冲撞集装箱和货车;对冷藏箱应考虑箱体重心偏离情况。集装箱装车时，不得采用在货车上焊接、钉固等损坏车辆的加固方式。

4. 交　付

（1）内交付。

到站应向运单上记载的收货人交付集装箱。

收货人接到 95306 系统发出的领货通知后，应及时到车站领取货物。收货人在办理领取手续时，须向车站提出电子领货凭证和有效证明文件，车站应认真审查，确保单证上收货人名称、运单号码相符，戳记齐全，不误交。

到站通过货票系统清算运输费用，按规定核收费用，打印运单收货人存查联，加盖到站电子车站戳。将运单收货人存查联在 95305 系统上推送（交）收货人，收货人凭此到集装箱存放地点领取集装箱。

到达的集装箱，应于承运人发出到货通知的次日起算，让托运人 2 日内领取集装箱货物，并于领取的当日内将箱内货物掏完或将集装箱搬出。站内掏箱时，应于领取的当日内掏完。

（2）站内掏箱。

集装箱的掏箱由收货人负责，也可委托承运人进行。掏箱应在集装箱场指定区域进行。开启箱门前与收货人共同确认箱号、箱体外状、施封状态和施封内容。督促收货人掏箱完毕后将箱内清扫干净，关闭箱门，撤除与本次运输有关的货签及附加标记，有污染的须除污洗刷，特种箱有关部件应按要求复位。

（3）铁路箱出站与进站。

收货人持运单（收货人存查联）到货区领取集装箱，货运员将集装箱点交给收货人后，认真填写集装箱出站单，并在货物运单（收货人存查联）上加盖“货物交讫”戳记，收货人凭加盖“货物交讫”戳记的运单（收货人存查联）和“铁路箱出站单”将集装箱搬出货场。

到站督促收货人按规定日期返回集装箱。收货人返回空箱，货运员对照“铁路集装箱出站单”，计算站外停留时间，按规定核收延期使用费。检查箱体质量，审核托运人提供的照片，照片的内容应为：左箱门打开，右箱门关闭，能看清箱内状态和箱号。对发生破损的集装箱编制记录，向责任者核收修理费用。

到站返回“还箱收据”给收货人，将“铁路集装箱出站单”装订成册。车站应对交回的铁路箱空箱进行检查，发现未清扫或未洗刷的，应在收货人清扫或洗刷干净后接收，或以收货人责任委托清扫人员清扫洗刷。

（4）关于集装箱延期使用费的核收。

托运人或收货人使用铁路箱超过下列免费使用期限，自超过之日起核收集装箱延期使用费：

（1）站内装箱的，应于约定进货日期当日装完。站内掏箱的，应于领取的当日内掏完。

（2）到达的集装箱，应于铁路局集团公司发出领货通知的次日起算，2 日内领取集装箱。

（3）集装箱出站的，重去空回或空去重回时，应于领取的次日送回；重去重回时，应于领取的3 日内送回。铁路局集团公司可延长本款规定的免费使用期限，但最长不得超过领取的7 日内。

（4）集装箱出站的，空去空回时，应于出站之日起核收集装箱延期使用费。

（四）在专用线、专用铁路卸车的到货流程

1. 重车交接

到站集装箱货运员与专用线（铁路）企业运输员进行交接。

核对运单和现车，确认箱号、车号与运单记载一致。检查车辆装载加固情况，平车装载锁头入位。

2. 空车交接

专用线卸箱完毕，到站及时取车，检查车辆无杂物，捆绑物清除干净。

二、集装箱交接

（一）交接地点和方法

1. 在车站装卸车

施封集装箱凭箱号、封印和箱体外状交接；不施封集装箱凭箱号和箱体外状交接。

2. 在专用铁路、专业线装（卸）车

交接地点和方法由车站与铁路专用线、专用铁路的产权单位商定，并在铁路专用线、专用铁路运输协议中明确。

（二）交接凭证

铁路箱进出车站交接凭证为“铁路箱出站单”（见图 3-24），自备箱进出站交接凭证为“货物运单”。

从车站搬出铁路箱时，车站填制“铁路箱出站单”作为出站和箱体状况交接的凭证。铁路箱送回车站时，车站应检查箱体状况，收妥集装箱，在“铁路箱出站单”乙联上加盖车站日期戳和经办人章，将收据交给还箱人，同时，按规定核收集装箱延期使用费等费用。

（三）交接问题的处理

发站在接收集装箱时，检查发现箱号或封印内容与运单记载不符或未按规定关闭箱门、施封的，应由托运人改善后接收。箱体损坏危及货物和运输安全的不得接收。

收货人在接收集装箱时，应按运单核对箱号，检查施封状态、封印内容和箱体外状。发现不符或有异状时，应在接收当时向车站提出，车站按规定及时处理。

到站卸车发现集装箱施封锁丢失、封印内容不符、施封失效时，应在当时清点箱内货物并编制货运记录。发现集装箱破损可能危及货物安全时，应会同收货人检查箱内货物并编制货运记录。

铁路局集团公司应与托运人明确约定:集装箱在承运人的运输责任期内，箱体没有发生危及货物安全的损坏，箱号、施封号码与运单记载一致，施封有效时，箱内货物安全由托运人负责。

铁路箱损坏、丢失时应编制“铁路箱破损记录”。

自备箱损坏、丢失时，车站应编制货运记录，按《铁路货物损失处理规则》的规定处理。

（四）交接责任的划分

交接前由交方承担，交接后由接方承担。但运输过程中由于托运人责任造成的事故和损失由托运人负责；因集装箱质量发生的问题，责任由箱主或集装箱承租人负责。

集装箱在承运人的运输责任期内，箱体没有发生危及货物安全的损坏，箱号、施封号码与货物运单记载一致，施封有效时，箱内货物由托运人负责。

（五）违约与赔偿责任

1. 承运人责任

集装箱货物、自备箱由于承运人责任造成损坏、丢失时，车站应编制货运记录，由承运人负责赔偿；赔偿费按合同约定结合实际发生的费用计算。

铁路箱在车站（包括站内、站外、铁路专用线、专用铁路等）发生损坏，由该车站赔偿。车站应拍照并编制“铁路箱破损记录”。

2. 托运人、收货人责任

承运人对集装箱货物进行检查，当托运人有违约责任时，承运人应按合同约定或有关规定向托运人或收货人核收违约金和因检查产生的作业费用。

集装箱损坏属托运人、收货人、铁路专用线、专用铁路、接取送达单位等责任的，车站按规定索赔。铁路箱由于托运人或收货人责任造成丢失、损坏及出现无法洗刷的污染时，应由托运人或收货人负责赔偿，责任人在“铁路箱出站单”上签认，车站凭“铁路箱出站单”编制“铁路箱破损记录”，作为向责任人索赔的依据。

知识拓展

一、F-TR 型锁结构特点

F-TR型锁头部共有四个面，对集装箱起到落箱导向、锁固和出箱导向作用，如图3-25所示。

图 3-25　F-TR 型锁头部结构

二、F-TR 锁装卸箱操作方法

由于 F-TR 锁具有较强的锁闭性能，在吊装吊卸集装箱时必须严格执行铁路装卸作业标准。

（一）装箱前的准备

（1）检查锁头表面情况。锁头表面应无裂纹、变形等缺陷。

（2）检查车体上各锁的安装方向。同一箱位的四个锁头，须同端同向，两端反向，如图 3-26 所示。

图 3-26　车体上同一箱位 F-TR 锁锁头方向

（二）集装箱装车

（1）保证集装箱下落平稳，不允许发生剧烈的碰撞。

（2）当集装箱下落到离锁头承载面高度约 120 mm 时，稍作停顿，确认集装箱的四个底角件分别与锁头对准后，方可继续下落，装箱到位。操作过程如图 3-15 所示。

（三）集装箱卸车

（1）起吊设备与集装箱上角件配合好后，点动试吊。

（2）无异常情况后，慢速垂直起吊，直至集装箱的四个下角件底面与各锁头承载面之间的距离均大于 100 mm。

（3）快速提升并吊离车体，完成卸箱。

任务五　铁路集装箱运输管理

情境任务

某交通通道运营有限公司在团结村站发运一批玻璃瓶，货物总重量 25 960 kg，货物价格 10 000 元。收货人宁波盛世物流有限责任公司。该批货物到达北仑港站，门到门运输，保价运输（运价里程 2 133 km，送货里程 30 km）。

使用铁路集装箱运输，TBJU7479396。

要求： 收货人返回空箱，车站接到该空箱调运的调度命令，请完成相应作业。

想一想： 党的二十大报告指出："必须坚持科技是第一生产力、人才是第一资源、创新是第一动力"。阅读二维码中的内容，思考如何树立创新意识并在日常学习工作中加以实践。

"何化石：在破解难题中成就自我"
扫码观看

学习目标

（1）了解铁路集装箱运输管理职责划分。
（2）熟悉铁路集装箱箱务管理内容。
（3）掌握集装箱空箱、待修箱调运规定。
（4）掌握铁路箱赔偿规定。
（5）了解车站集装箱运输信息系统。
（6）牢固树立创新高效、责任担当的职业意识。

任务计划

序号	工作内容	负责人
1		
2		
3		

引导问题

1. 学习并查阅资料，绘制铁路集装箱运输管理有关政企部门职责分工思维导图。

2. 学习并查阅资料，绘制铁路集装箱箱务管理内容思维导图。

3. 在情境任务中，卸箱时发现集装箱前端壁板凹陷破损。请完成北仑港站的处理。

4. 请回顾铁路车站集装箱作业各个环节，以图表的形式指出运用集装箱运输信息系统的作业细节。

5. 集装箱在使用过程中会产生磨损、掉漆、生锈以及变形等问题，故使用年限一般约为5～10年。请思考：铁路在使用集装箱过程中应该如何避免集装箱过早报废？集装箱的材质和结构应该具有什么样的特点？

6. 查阅学习关于铁路（或者其他运输方式）集装箱运输管理、信息化运用方面的文献，完成一篇学习报告。

知识链接

一、铁路箱箱务管理

铁路集装箱箱务管理是集装箱运输体系中极其重要的环节，内容包括铁路集装箱的投入、调运、备用、租赁、保管、交接、发放、检验及维修、赔偿等。

（一）铁路集装箱运输管理职责

国铁集团负责国家铁路集装箱运输组织和统一管理。铁路箱产权单位负责铁路箱购置、租赁、维修、报废等资产管理工作。铁路局集团公司负责管内集装箱运输组织和经营管理，对集装箱的运用质量负责，承担箱体检查和损坏箱扣修的责任。

铁路局集团公司、中铁集装箱运输有限责任公司、中铁特货运输有限责任公司应建立安全管理制度，保证必要的安全设施设备投入，制定作业流程和质量标准，加强从业人员培训，建立安全责任制和考核机制，保证集装箱运输安全。

（二）集装箱投入管理

铁路箱的号码由国铁集团货运部统一公布，应于公布的次年内投入完毕。未公布号码的铁路箱不得上路使用。

车站凭国铁集团集装箱调度命令接收新造铁路箱，逐箱核对后在“铁路箱投入交接单”上签认，并留存一份（留存时间 1 年）后，方可投入运用。

（三）铁路箱调运

1. 铁路集装箱运输调度

（1）集装箱调度机构。

集装箱运输实行全路集中统一调度指挥，国铁集团调度部设立集装箱调度台，统一指挥全路集装箱调度业务。各铁路局根据工作量，设立相应数量的集装箱调度台，在国铁集团集装箱调度台的领导下完成集装箱运输生产任务。

（2）集装箱调度职责。

审批和下达集装箱月度装箱计划，按计划组织装箱和掌握去向；依靠集装箱信息系统，完成日装卸车、排空和班列的运输统计；负责日、旬、月装车计划和排空计划的完好、实施，集装箱装车落实。

负责集装箱专用车、普通集装箱和专用集装箱的运输调度；调整集装箱保有量和箱流去向，做好均衡运输；贯彻上级指示，发布调度命令；按时收取和向上级报告有关报表，检查分析运输情况，实施集装箱运输方案。处理集装箱运输中日常发生的问题。

（3）集装箱计划。

集装箱月度装箱计划由车站向集装箱调度提报，其主要内容有发送箱数、发送吨数、去向、排空和接空箱型、箱数等。

集装箱调度应优先安排和保证集装箱运输计划。集装箱运输实行优先审批计划、优先配车、优先挂运、优先排空箱的政策，统计报表单独统计。

跨局运输时，集装箱应组织一站直达车装运。铁路局集团公司可制定管内中转集结规定，开展管内中转，避免积压，尽快运抵到站。

（4）集装箱保有量。

铁路集装箱保有量是指铁路局或全路为完成规定的工作量所应保有的可用集装箱数。它是集装箱运输组织中的一项重要指标，可反映出集装箱是否处于正常运输状态。各铁路局保有一定数量的集装箱是完成集装箱运输任务的保证。

$$\text{铁路集装箱保有量} = \text{铁路箱日均发送箱数} \times \text{平均停时}$$

2. 铁路集装箱调运

集装箱调度应掌握箱流、车流动态，根据铁路箱运用情况、需求变化和运用效率，及时调整铁路局集团公司、车站的铁路箱保有量。跨局调整由国铁集团集装箱调度负责，管内调整由铁路局集团公司集装箱调度负责。

（1）空箱、待修箱调运。

铁路箱空箱凭集装箱调度命令调整。经铁路运输时，车站在“特殊货车及运送用具回送清单”上记明箱号、命令号，办理免费回送。

在铁路局集团公司管内，凭调度命令可经其他运输方式调整空箱，办理还箱。集装箱出站后可凭调度命令返回其他车站。调度命令应发给交出站和接收站。交出站填制“铁路箱出站单”，接收站在“铁路箱出站单”乙联上加盖站名日期戳和经办人章，将收据交给还箱人。

待修的铁路箱只准回送到箱修点。一般应在铁路局集团公司管内回送，特殊情况下确需跨局回送时，须经国铁集团集装箱调度准许。

（2）集装箱运输不均衡的调运。

集装箱调度前要进行集装箱保有量的核定和分析，集装箱保有量要保持相对平衡。日常运输出现不平衡或积压时，应进行调整。铁路集装箱运用按“实货”制要求，实行以日计划为主的调整办法。调整以装运重箱为主，回送空箱和停限装为辅。

（3）掌握在修箱。

各级集装箱调度还应掌握车站和集装箱修理工厂每日的集装箱扣修、送修、修竣和在修箱数。

（四）铁路箱备用

根据运输需要，可备用适当数量状态良好的铁路空集装箱。铁路箱备用必须备满 24 小时，不足 24 小时解除备用时，自备用时起，仍按运用箱计算在站停留时间。

铁路箱的备用和解除由铁路局集团公司集装箱调度提出申请，国铁集团集装箱调度准许后下达调度命令执行。

（五）铁路箱保管与交接

车站应及时催还未按时送回的铁路箱，定期清查站内外的铁路箱，发现与集装箱运输信息系统不符时，及时查明原因并按规定处理。

铁路专用线、专用铁路的铁路箱由车站按照货场要求进行管理和运用，发生的集装箱延期使用费由车站核收。

在车站存放的铁路箱不得挪作他用。如有挪用，对挪用者自挪用之日起核收集装箱延期使用费。

车站应对发送、回空集装箱的箱体状况进行检查，逐箱确定发送集装箱重量和回空集装箱的空重状态。回空集装箱应关闭箱门。

（六）铁路箱检验与维修

1. 铁路箱检验

铁路箱产权单位应对新造质量和维修质量负责，对铁路箱实行定期检验或实施连续检验计划。

通用箱扣修执行铁道行业标准《通用集装箱在铁路车站检查的技术要求》(TB/T 3207)，特种货物箱、专用箱扣修执行其装运方案和技术标准。

2. 铁路箱维修

铁路箱扣修由车站负责。铁路箱需修理时，由车站填写“铁路箱修理通知书”，如图 3-27 所示。需要回送其他车站修理时，凭集装箱调度命令，在“特殊货车及运送用具回送清单”内填记“修理箱”字样，到站填写“铁路箱修理通知书”送修。

______站铁路箱修理通知书

甲联

No. XXXXXX

箱型		箱号		修理类别		验箱师	
扣修时间			送修时间		修竣时间		

主要损坏部位及状态代号（扣箱时填写）：

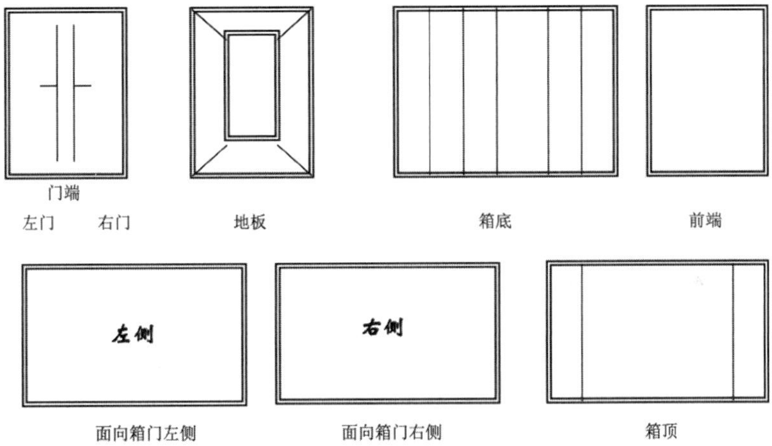

状态代号：割伤 C、擦伤 B、破洞 H、凹损 D、破损 BR、部件缺失 M、污箱 DR。

修理部位及内容代码（验箱时填写）：

送修单位：__________（签章） 修理单位：__________（签章）

修理箱送修人：__________（签章） 修理箱接收人：__________（签章）

修竣箱接收人：__________（签章） 修竣箱返还人：__________（签章）

注：1. 本通知单一箱一单，一式四联，甲联只填送修部分，乙、丙、丁联还需填写修竣部分。

2. 扣修时，在图形的相应损坏部位标注损坏状态代号，并记明详细情况。

3. 本通知单作为：

①车站对铁路箱送修和修竣接收的依据（甲、丙联），由车站存。

②查定铁路箱修理时间和在修箱数量的依据（乙联），由箱修点存。

③结算铁路箱修理费用的原始依据（丁联），由验箱师交集装箱产权单位存。

4. 本通知书留存 2 年。

规格：A4 纸竖印（210mm×297mm）

图 3-27 铁路箱修理通知书

（七）铁路箱赔偿

铁路箱发生损坏、丢失时，车站编制“铁路箱破损记录”，如图 3-28 所示，作为责任划分和赔偿依据，由责任者在“铁路箱破损记录”上签认并负责赔偿。损坏时，按实际发生费用(包括修理费、修理回送费、延期使用费及装卸费等）赔偿。铁路箱丢失或因损坏报废的赔偿标准，由产权单位报国铁集团货运部公布，应考虑市场重置价格、箱龄等因素。

铁路箱破损记录

甲联

No. XXXXXX

箱型______________ 箱号______________

1. 发站______________ 发局__________ 托运人__________________

2. 到站______________ 到局__________ 收货人__________________

3. 运单号______________ _______年____月____日承运

4. 车种车号______________

5. 发现集装箱损坏地点_________________

6. 损坏部位。按下面符号所示内容填在视图上。

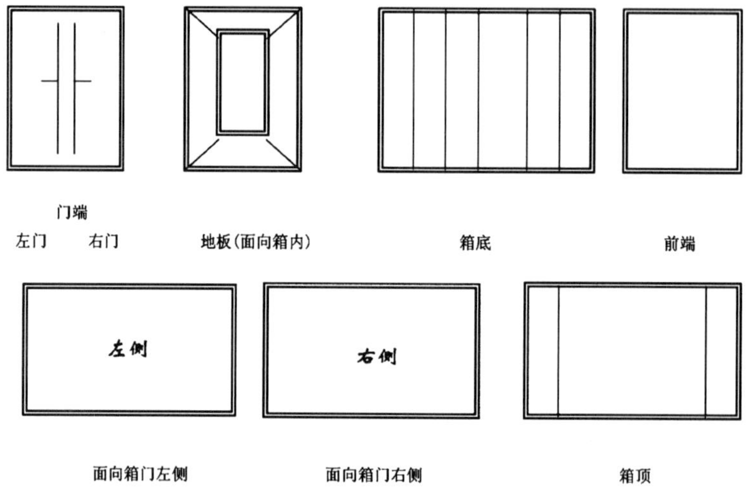

状态代号：割伤C. 擦伤B. 破洞H. 凹损D. 破损BR. 部件缺失M. 污箱DR.

7. 损坏原因和程度_____________________________________

8. 责任者（签章）___________________________

9. 装卸或货运主任（签章）_______________________

10. 填写单位：___________（章） 填写人：________

11. _____年___月___日

说明：1. 本记录一式三份，一份编制记录站存查，一份交责任者，一份随箱同行。
2. 本记录留存 2 年。

规格：A4 纸竖印（210mm×297mm）

图 3-28 铁路箱破损记录

铁路箱损坏责任按下列原则划分：

（1）到站卸车发现损坏，除卸车作业导致损坏、能判明其他责任者、发站证明没有责任的以外，由发站赔偿；站内掏箱发现集装箱地板、端侧壁、顶部等内部损坏，除掏箱作业导致损坏及能判明其他责任者外，由发站赔偿。

到站认为集装箱损坏为发站责任的，应于卸车或站内掏箱 24 小时内拍照，编制“铁路箱破损记录”，将损坏情况通过集装箱运输信息系统发给发站和产权单位。

（2）集装箱在车站（包括站内、站外、铁路专用线、专用铁路等）发生损坏，由该站赔偿。车站应拍照并编制“铁路箱破损记录”。

集装箱损坏属托运人、收货人、铁路专用线、专用铁路、接取送达单位等责任的，车站按规定索赔。

（3）铁路局集团公司应与收货人明确约定:到达的集装箱在站外发生损坏，由收货人或接取送达单位赔偿;收货人认为属托运人装箱等原因导致地板、端侧壁、顶部等内部损坏的，由收货人向托运人索赔。

（八）铁路箱的报废

箱修点应具备铁路箱、敞顶箱篷布、货车篷布的维修和报废功能。铁路箱报废时，应涂掉铁路标记和箱号、摘除铭牌。

二、铁路集装箱运输管理信息化

（一）概　述

集装箱运输过程包括两个方面的内容：一是物流，即集装箱重空箱的移动，包括组织集装箱运输的车站发送作业、途中作业和车站到达作业；二是信息流，集装箱运输有关信息的传递，包括集装箱及货物有关信息和集装箱运输信息的传递。

集装箱运输效率是集装箱运输全过程各个环节服务水平的综合体现。高效、便捷、安全、准确地将集装箱及其运送信息在其各个运输环节中进行传递，将物流运输及信息流传输作为一个整体，是提高集装箱运输效率的有效途径。没有信息的有效传递，集装箱运输业务高效性、优越性便难以显现。

铁路集装箱运输使用统一的票据、报表和电子单证，实现作业信息的实时采集与综合利用，逐步实现与海关、口岸、港口航空企业、客户等的电子数据交换和信息共享。

集装箱办理站应使用全路统一的集装箱运输相关信息系统，对集装箱实行精确的号码制管理，动态跟踪每个集装箱的位置和状态，实现各作业环节信息共享和作业流程贯通。车站应于作业完成后 1 小时内，应及时将装卸车、出入线、进出站、交付、站内掏装箱、出入境、下水、修理、报废、新箱投入等信息录入集装箱运输相关信息系统，每日 18 时做出“集装箱运用报告”，逐级上报集装箱调度。

（二）集装箱运输管理信息系统简介

铁路集装箱办理站通过“车站集装箱运输信息系统”的使用，极大提高了车站集装箱运输业务工作效率，降低了成本，服务了客户。

铁路集装箱运输管理信息系统车站应用，主要对应铁路集装箱运输车站的发送作业、到达作业，响应票据电子化进行实施应用。主要包括以下功能。

1. 业务功能

（1）发送管理：主要配合车站集装箱作业，进行集装箱预订、落实、装箱、装车、空箱回送等作业管理。

（2）到达管理：主要配合车站集装箱作业，进行卸车、掏箱、换装等作业管理。

（3）交付管理：主要进行领货通知、外交付等作业。

（4）门检管理：主要对集装箱进出车站门检进行管理。

（5）站内管理：主要是装卸车人员管理、堆存管理、扣修及新箱投入、信息补录等作业管理。

（6）口岸管理：出入境管理。

（7）查询统计：服务客户、承运人，便于查询，同时与集装箱运输统计要求配合，完成装卸车、超偏载情况、到达箱数与货吨、空箱、站存箱、股道现车、进站预约等内容的查询。

2. 系统维护功能

（1）菜单维护：对用户有关信息进行维护管理。

（2）维护管理：主要对箱场、箱区股道、装卸机械、收货人等信息进行增加、编辑、删除等维护。

三、集装箱运输的主要指标

集装箱运输的主要指标分为数量指标和质量指标。

（一）数量指标

（1）集装箱发送箱（TEU）、到达箱（TEU）。

（2）集装箱发送吨、到达吨。

（3）集装箱运输收入。

（4）集装箱保有量（TEU）。

（二）质量指标

（1）在站平均停留时间（日）：分发出箱、在站箱。

（2）运用率：在站运用箱÷在站箱。

（3）发出使用率：发出重箱÷在站（不含箱修点）箱。

（4）发到使用率：（发出重箱+到达重箱）÷在站（不含箱修点）箱。

复习思考题

1. 什么是集装箱？
2. 集装箱该如何分类？
3. 集装箱箱体标记有哪些？

4. 简述铁路集装箱运输条件。
5. 铁路集装箱办理站应具备哪些条件?
6. 集装箱作业场组成有哪些?
7. 集装箱作业场箱区应如何布局?
8. 集装箱运输装卸、搬运机械有哪些? 各有何特点?
9. 简述组织铁路车站集装箱发送作业环节及要点。
10. 集装箱重箱验收规定是什么?
11. 铁路车站集装箱发送作业中使用了哪些单证? 各有什么作用?
12. 简述组织铁路车站集装箱到达作业环节及要点。
13. 集装箱交接地点、方法和交接凭证是什么?
14. 集装箱交接中发现问题应如何处理?
15. 简述集装箱运输违约与赔偿责任规定。
16. 铁路集装箱运输管理中车站有哪些职责?
17. 铁路箱箱务管理内容有哪些?
18. 简述铁路集装箱空箱调运、待修箱调运规定。
19. 铁路集装箱损坏责任应如何划分?
20. 车站集装箱运输信息系统功能有哪些?

项目四 货物运输费用核算

情境描述

2022 年 6 月 10 日，某物流公司欲从沈阳东站托运纸箱包装教学仪器(30 000 kg、500 箱、体积 30 m^3)，搪瓷杯（16 000 kg、400 箱、体积 32 m^3），至北郊站，运价里程 2 075 km。

由于公司首次通过铁路运送货物，不了解铁路有关运费计费方法，遂派货运专员至德州站向车站工作人员咨询有关运费事宜。

要求：完成上面情境中货物运费的计算。

任务一　核算运输费用

情境任务

要求：完成上述情境中的货物运费计算。

学习目标

（1）理解运费计算程序。
（2）掌握整车货物计费重量及运价率的确定方法。
（3）会依规计算货物整车和集装箱运输费用。
（4）了解特殊货车货物运费。
（5）培养认真细致的职业素养。

任务计划

序号	工作内容	负责人
1		
2		
3		

引导问题

1. 结合自己生活中经历的快递运输，说说影响铁路货物运输费用的因素有哪些?

2. 简述货物运费的计算程序，并写出整车和集装箱货物运费的计算公式。

3. 货物的运价里程是如何确定的?

4. 试确定整车货物运价号，确定过程中需要用到哪些工具书?

5. 若按整车运输，查找确定教学仪器和搪瓷杯的运价号。

6. 一批办理的整车货物，有两种以上不同运价率的货物时，运价率如何确定? 若该批货物按整车运输，确认该批货物的运价率。

7. 如何确定一般整车货物的计费重量?

8. 若用一辆 P_{64} 棚车装运，确定计费重量。

9. 计算按整车运输的货物运费。

10. 若货主希望通过集装箱运输上述货物，采用两个 20 ft 普通箱，是否可行？说明原因。

11. 若采用两个 20 ft 集装箱运输，货物的运价率是什么？

12. 集装箱运费的计算，是否和货物品类有关？

13. 上述货物采用两个 20 ft 普通箱运输时，计算相应的运费。

14. 比较上述货物整车和集装箱运费结果，思考如何为货主更好地服务。

15. 在运费核算过程中，你认为需要什么样的职业精神？

知识链接

铁路运价既是国家运价政策的体现，也是铁路劳务价值的具体体现。不同的运输种类及运输条件对货物运输组织有着不同的影响。铁路运价是根据国家规定的费率，考虑运价里程、运价号、计费重量等具体因素对整车、零担、集装箱货物的运费及杂费和其他专项费用进行核算，正确地计算运价对于保证铁路运输收入有着重要意义。

为促进铁路健康运营和可持续发展，铁路货物运价于2014年2月15日起，由政府规定价改为政府指导价。

一、铁路货物运价的概念和分类

（一）铁路货物运价的概念

由于铁路运输产品不具有实物形态，其价值被追加到被运输的货物价值上去。因此，铁路运输货物要按照国家规定的指导价格以及铁路运输企业依法自主制定市场价格收取运输费用，以补偿运输生产所消耗的社会劳动量，这个价格就是铁路货物运价。铁路货物运价是运输价值的货币形式表现。

铁路货物运价对于国民经济的发展具有重要影响。它不仅决定着铁路本身的经济效益，而且对国民经济各部门以及各地区的经济发展起到了促进或制约的作用，因此，铁路货物运价的制定，应以运输价值为基础，以运输成本为主要依据，同时必须贯彻国家的经济政策和价格政策，促进国民经济的发展。在制定铁路货物运价时，一般应遵守下列原则：

（1）有利于保证铁路运输企业正常生产。

（2）有利于促进工农业生产的发展。

（3）有利于促进生产力的合理布局。

（4）有利于促进各种运输方式的分工与协作。

（5）有利于促进高效率地使用铁路运输工具。

（6）有利于促进人民生活水平的提高。

具体地说，铁路货物运价是指铁路运输产品的销售价格，即铁路向货主核收的运输费用。铁路货物运输费用是对铁路运输企业所提供的各项生产服务消耗的补偿，包括车站费用、运行费用、服务费用和额外占用铁路设备的费用等。

各单位要严格执行货运价格和收费政策，各营业站应做好信息公告和明码标价工作，各营业场所、客服中心要做好对外解释宣传工作。

（二）货物运价的分类

铁路货物运价可按适用范围和货物运输种类不同进行划分。

1. 按适用范围分

铁路货物运价按其适用范围不同可分为普通运价、特殊运价、国际联运运价、军运运价等。

（1）普通运价是铁路货物运价的基本形式，是铁路计算运费的统一运价，凡在路网上办理正式营业的铁路运输线上都适用统一运价。现行铁路的整车（冷藏车）货物、零担货物、集装箱货物运价都属于普通运价。

（2）特殊运价是指地方铁路、临时营业线和特殊线路的运价。

（3）国际联运运价是指为铁路国际联运的货物所规定的运价，包括国内段运输和过境运输运价。国内段运输运价同普通运价，过境运输运价根据国际联运有关规定计算。

（4）军运运价是指对军事运输中的军运物资所规定的运价。

2. 按货物运输种类分

按货物运输种类不同，铁路货物运价可分为整车货物运价、零担货物运价和集装箱货物运价。

（1）整车货物运价是铁路对按整车运送的货物所规定的运价。冷藏车货物运价是铁路对冷藏车运送的货物所规定的运价，是整车货物运价的组成部分。

（2）零担货物运价是铁路对按零担货物运送的货物所规定的运价。

（3）集装箱货物运价是铁路对按集装箱运送的货物所规定的运价。

二、计算货物运输费用的主要规章

计算铁路货物运输费用的主要规章有《铁路货物运价规则》（简称《价规》）、《铁路货物装卸作业计费办法》《铁路保价运输规则》（简称《保价规则》）、《铁路货车延期占用费核收暂行办法》等。

（一）《铁路货物运价规则》（简称《价规》）

1. 适用范围

《价规》是根据铁路法的规定，为正确体现国家的运价政策，确定国家铁路及合资、地方铁路及与国家铁路办理直通运输的有关货物运输费用计算方法而制定的规则，是计算国家铁路货物运输费用的依据，承运人和托运人、收货人必须遵守本规则的规定。

国家铁路营业线的货物运输，除军事运输（后付）、水陆联运、国际铁路联运过境运输及其他铁路总公司另有规定的货物运输费用外，都按《价规》计算货物运输费用，其以外的货物运输费用，按国家铁路集团的有关规定计算核收。

铁路货物运输费用由铁路运输企业使用货票和运费杂费收据核收。

2. 基本内容

《价规》规定了在各种不同情况下计算货物运输费用的基本条件，各种货物运费、杂费和代收款的计算方法及国际铁路联运货物国内段的运输费用的计算方法。

3.《价规》附件

《价规》包含四个附件。

（1）附件一“铁路货物运输品名分类与代码表”（简称“代码表”）。

“代码表”是用来判定货物的类别代码和确定运价号的工具，由代码、货物品类、运价号（整车零担）、说明四项组成。

代码由 4 位阿拉伯数字组成，是类别码，对应运价号，前 2 位表示货物品类的大类、第 3 位数字表示中类、第 4 位数字表示小类。代码表是按大类、中类、小类的顺序排列的，表 4-1 为货物品类表。

表 4-1　货物品类

品类代码	品类名称	品类代码	品类名称	品类代码	品类名称	品类代码	品类名称
01	煤	08	矿物性建筑材料	15	化工品	22	饮食品及烟草制品
02	石油	09	水泥	16	金属制品	23	纺织品和皮毛及其制品
03	焦炭	10	木材	17	工业机械	24	纸及文教用品
04	金属矿石	11	粮食	18	电子、电气机械	25	医药品
05	钢铁及有色金属	12	棉花	19	农业机具	99	其他货物
06	非金属矿石	13	化肥及农药	20	鲜活货物		
07	磷矿石	14	盐	21	农副产品		

（2）附件二“铁路货物运价率表”（简称“运价率表”）是用来查找不同运价号的货物的运价率的。

（3）附件三《铁路货物运输品名检查表》(简称《检查表》)。它由品名、拼音码、代码、运价号（整车、零担）五项组成。代码由 7 位阿拉伯数字组成，在分类表中的 4 位代码后面又加了 3 位品名码。

拼音码由不超过 5 个的汉字拼音字母、阿拉伯数字、英文字母构成。根据品名，由左向右，汉字一般取每字拼音的首音构成拼音码。有的品名带有括号说明，其拼音码包括括号内首字汉语拼音首音或第一位阿拉伯数字；有的品名带有阿拉伯数字，其拼音码包括阿拉伯数字；有的拼音码带有英文字母，其拼音码包括英文字母，具体如表 4-2 所示。

表 4-2　拼音码构成表（摘录）

品　名	拼音码	说　明
扑克牌	PKP	
电动机零配件	DDJLP	取前 5 个拼音的首音
氨水（化肥）	ASH	括号内汉字说明只取第一字的首音
机动车（3～4 m）	JDC3	括号内数字说明只写第一字的数字
1，3，5-三硝基苯	135SX	前面的阿拉伯数字，直接写入
氟利昂·11	FLA11	后面的数字，直接写入
X 射线探伤器	XSXTS	带英文字母的，含英文字母
F-12 气体	F12QT	

《检查表》中的品名是按其第一个字汉语拼音首音由 A 到 Z 顺序排列。《检查表》也是用来判定货物类别代码和确定运价号的工具。

（4）附件四“货物运价里程表”（简称“里程表”），包括使用说明、全国铁路管辖线路分解示意图、货物运价里程接算站示意图、零担办理站站名表、集装箱办理站站名表、线名索引表、营业里程表、铁路和水路货物联运换装站至交接点里程表、国际联运国境站至国境线里程表等。

4.《价规》附录

附录一为铁路电气化附加费核收办法。

附录二为新路新价均摊运费核收办法（目前费率暂为零）。

附录三为铁路建设基金计算核收办法。

附录一、三分别规定了核收电气化附加费和铁路建设基金的计费重量、费率、计费里程、计算方法与尾数的处理方法等。

附录四为超重货物分级表。

（二）《铁路货物装卸作业计费办法》

1. 适用范围

该办法包括国家铁路和国铁控股国资铁路的车站内进行装卸火车、汽车（或其他车辆）、船舶作业以及货场内的搬运作业，包括机械、人力或人机混合作业。

2. 主要内容

该办法包括铁路货物装卸作业计费方法及附表；铁路整车货物装卸搬运作业费率表、铁路零担货物装卸搬运费率表、铁路通用集装箱装卸综合作业费率表、空集装箱装卸和中转、换装综合作业及集装箱货场内搬运费率表。

（三）《铁路货物保价运输办法》

1. 适用范围

该办法适用于要求铁路办理保价运输的托运人及承运人。

2. 主要内容

要求铁路办理保价运输的托运人应按该办法规定支付货物保价费。该办法规定了保价费核收办法；承运人承担的赔偿责任及承运人不承担的赔偿责任等内容。附表为保价费率表。

（四）《铁路货车延期占用费核收暂行办法》

1. 适用范围

该办法适用专用线内（包括铁路的段管线、厂管线，下同）、专用铁路内装卸的铁路货车及其他根据规定由托运人、收货人自行组织装卸的铁路货车。

以上货车，超过规定的装卸作业标准时间后，核收货车延期占用费。

2. 主要内容

该办法包括货车延期占用费核收方法，附件为“专用线、专用铁路货车占用时间的最长标准、铁路货车延期占用费费率表、铁路货车延期占用费速算表”。

三、货物运费计算程序及公式

（一）运费计算程序

（1）按《货物运价里程表》（附件四）计算出发站至到站的运价里程。

（2）根据货物运单上填写的货物名称查找《铁路货物运输品名分类与代码表》（附件一）、《铁路货物运输品名检查表》（附件三），确定适用的运价号。

（3）整车货物按货物适用的运价号，集装箱货物根据箱型、冷藏车货物根据车种分别在“铁路货物运价率表”（附件二）中查出适用的运价率（即基价 1 和基价 2，以下同）。

（4）根据货物种类、重量，确定计费重量。

（5）货物适用的基价 1 加上基价 2 与货物的运价里程的相乘之积后，再与计费重量（集装箱为箱数）相乘，计算出运费。

计算程序如图 4.1 所示。

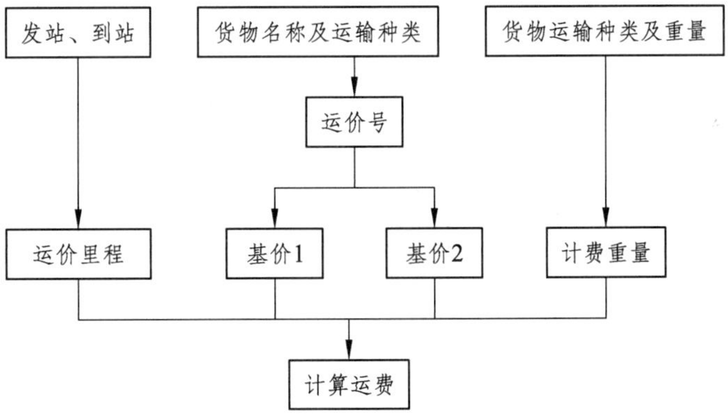

图 4-1　运费计算程序

（二）运费计算公式

按现行《价规》，不同运输种类的货物计费公式如下：

（1）整车货物按重量计费运费 =（基价 1 + 基价 2 × 运价里程）× 计费重量

整车货物按轴数计费运费 =（基价 2 × 运价里程）× 轴数。

（2）零担货物运费 =（基价 1 + 基价 2 × 运价里程）× 计费重量 ÷ 10。

（3）集装箱货物运费 =（基价 1 + 基价 2 × 运价里程）× 箱数

（三）尾数处理

计算出的每项运费均以元为单位，尾数不足 1 角时，按四舍五入处理。

四、运价里程

运价里程根据《里程表》按照发站至到站间国铁正式营业线最短径路计算，但《里程表》内或国铁集团规定有计费经路的，按规定的计费经路计算运价里程。

（一）车站和里程查找方法

首先从站名音序索引表或首字笔画索引表中，查出发站和到站在站名索引表中的页数，再根据货物运价里程接站示意图查出发站至到站的接算站，即可从《里程表》中找出发站和到站至接算站间的里程，通过计算便可得出发到站间的里程。

（二）最短径路

1. 最短径路概念

最短径路是指发站至到站间运价里程最小的经由路线。

如不能确定最短径路时可将几条径路里程分别计算出来，取其最短，即为最短径路。

《里程表》下方注“仅限发到本线各站的货物使用”的线路，不作为确定最短径路的线路，应按原定的计费径路计算运价里程。

2. 最短径路运价里程的计算方法

（1）发站和到站在同一线上。

用两站到本线起点站或终点站的里程相减，即可求得两站间的运价里程。

（2）发站和到站不在同一线上。

此时确定货物运价里程时，应首先参照货物运价里程接算站，查明发站至到站的最短径路，再将发站本线至接算站、到站本线至接算站里程与经由接算站里程相加，求得发、到站间的里程。

实行统一运价的营业铁路与特价营业铁路直通运输，运价里程分别计算。

（三）需另加入的运价里程

（1）国际联运货物，经由国境线时，应另加算国境站至国境线的里程（按《里程表》中的“国际联运国境站至国境线里程”确定）。因国境站并非设在国境线上，所以运价里程应加算国境站至国境线的里程。例如，国际联运货物从二连站经蒙古铁路时，国内区段的运价里程应加算二连站至国境线的里程 5 km。

（2）水陆联运货物，经由码头支线时，应另加算换装站至码头线的里程。（按《里程表》中的“铁路和水路货物联运换装站至交接点里程表”确定）。

（3）站界内搬运按实际里程计算运价里程。

（4）轮渡线里程，根据当年铁道部公布的运价里程计算，如表 4-3 所示。

表 4-3　轮渡线里程

线名	起点	终点	里程/km
渤海轮渡线	烟台北	旅顺西	189
粤海轮渡线	海安南	海口	26
江阴轮渡线	靖江南	江阴北	6

（四）不计入运价内的里程

运价里程是以相邻两站的站中心之间的距离确定的，因而不包括专用线、货物支线的里程。

（五）实际经由计算方法

遇下列情况，发站在货物运单内注明，运价里程按实际经由计算。

（1）因货物性质（如鲜活货物、超限货物等）必须绕路运输：鲜活货物运输时，如果有需要中途上水的活动物，而最短径路上没有上水站，则根据托运人的要求，可以经由有上水站的线路绕路运输。超限货物运输时，由于受最短径路上建筑限界或其他不利因素的影响，铁路可指定经由适合其运输的线路绕路运输。

（2）因自然灾害铁路中断或其他不属于铁路的原因，托运人可要求绕路运输。遇此种情况，需由有关部门作出具体指示后，方可办理。

（3）属于五定班列运输的货物，按班列经路运输时。

承运后的货物发生绕路运输时，仍按货物运单内记载的径路计算运费。

五、运价号

我国现行铁路货物运价实行分号制。整车（含冷藏车）货物运价号分为 7 个（1～6、机械冷藏车）；实行市场调节价的整车、零担、集装箱货物运价号，整车为 6 个（1～6），零担为 2 个（21，22），集装箱为 2 个（20 ft，40 ft）。

按照货物运单上填写的货物品名，查找《分类表》和《检查表》，确定出该批货物适用的运价号。

（一）列名内的货物

列表内的货物即在货物《分类表》和《检查表》中列载了货物具体名称或概括名称的货物。

（1）先查《检查表》。从品名首字汉语拼音索引表或品名首字笔画索引表中，查出该品名在货物运输品名检查表中的页数，再根据“检查表”查出该品名的拼音码、代码和运价号。

（2）《代码表》和《检查表》中有具体名称时，按具体名称判定类别和运价号，不属该具体名称的不能比照。但由于货物的别名、俗名、地方名称等不同，而实际属于该具体名称的，仍应按该具体名称适用的类别和运价号。

（3）《代码表》和《检查表》中无该具体名称时，则按概括名称判定类别和运价号，并须遵守以下规定：

① 适用制材或加工工艺概括名称的，除明定者外，均不分用途。当货物具有两种以上制材时，则按其主要制材判定类别和运价号。

② 适用用途概括名称时，除明定者外，均不分制材。并在用途概括名称后加括弧注明该货物具体名称。如药用的桑皮在“检查表”中无此名称，则在运单上写成中药材（桑皮）。

③ 适用自然属性概括名称的，除明定者外，均不分用途、制材、形态、品种。

（二）未列名的货物

在《代码表》和《检查表》中既无该货物的具体名称，又无概括名称或难以判定概括名称时，按小类→中类→大类的顺序逐层次判定其归属的收容类目。各类均不能归属的货物，则列入总收容类目→9990 未列名的其他货物。

六、运价率

铁路货物运价率是根据运价号相应制定出对应于每一运价号的基价 1 和基价 2。基价 1 是货物在发站及到站进行发到作业时单位重量（箱数）的运价。它只与计费重量（箱数）有关，与运价里程无关。基价 2 是指货物在途运输期间单位重量（箱数）每一运价公里的运价，它既与计费重量（箱数）有关，又与运价里程有关。

铁路货物运价率表包括执行“政府指导价铁路整车货物运价率表”（见表 4-4)和执行“市场调节价铁路零担、集装箱及整车运价率表”（见表 4-5）。

表 4-4　政府指导价铁路整车货物运价率表

办理类别	运价号	基价 1		基价 2	
		单位	标准	单位	标准
整车	1			元/（轴·km）	0.525
	2	元/t	9.5	元/（t·km）	0.086
	3	元/t	12.8	元/（t·km）	0.091
	4	元/t	16.3	元/（t·km）	0.098
	5	元/t	18.6	元/（t·km）	0.103
	6	元/t	26	元/（t·km）	0.138
	机械冷藏车	元/t	20	元/（t·km）	0.140

表 4-5　市场调节价铁路零担、集装箱及整车运价率表

办理类别	运价号	基价 1		基价 2	
		单位	标准	单位	标准
整车	1			元/（轴·km）	0.525
	2	元/t	9.5	元/（t·km）	0.086
	3	元/t	12.8	元/（t·km）	0.091
	4	元/t	16.3	元/（t·km）	0.098
	5	元/t	18.6	元/（t·km）	0.103
	6	元/t	26	元/（t·km）	0.138
零担	21	元/10 kg	0.22	元/（10 kg·km）	0.001 11
	22	元/10 kg	0.28	元/（10 kg·km）	0.001 55
集装箱	20 ft 箱	元/箱	440	元/（箱·km）	3.185
	40 ft 箱	元/箱	532	元/（箱·km）	3.357

七、计费重量

用来计算运输费用的货物重量称为计费重量。货物运费与计费重量有关，因此，计算运费时，首先应根据所运送的货物确定计费重量。

整车货物运费计费重量单位为 t（t 以下四舍五入）、轴；零担货物计费重量单位为 10 kg（不足 10 kg 进整为 10 kg）；集装箱计费以箱为单位。

计费重量是根据货物实际重量、轴数、箱数按有关规定确定的，下面将结合不同情况分别介绍。

八、整车货物运费

（一）一般整车货物运费

1. 计费重量

（1）一般情况下，整车货物均按货车标记载重（简称标重）计算运费，货物重量超过标重时按货物重量计费。计费重量以 t 为单位，t 以下四舍五入。

（2）特殊情况下，使用规定车种车型装运特定货物，计费重量按表 4-6 所列规定计费重量计算，货物重量超过规定计费重量的按货物重量计费。

表 4-6　整车货物规定计费重量表

车种车型	计费重量/t	备注
B6 B6N B6A B7（加冰冷藏车）	38	
B6G（加冰冷藏车）	45	
BSY（冷板冷藏车）	40	
B18（机械冷藏车）	32	
B19（机械冷藏车）	38	
B20　B21（机械冷藏车）	42	
B10 B10A B10B（机械冷藏车）	44	
B22　B23（机械冷藏车）	48	
B15E（冷藏车改造车）	56	
B15B　B15O（冷藏车改造车）	52	
SQ1（小汽车专用平车）	80	
SQ4（双层汽车专用平车）	60	
JSQ5（双层汽车专用平车）	100	
QD3（凹底平车）	70	
GY95S GY95　GH40 GY40　GH95/22 GY95/22（石油液化气罐车）	65	
GY100S　GY100　GY100-Ⅰ、GY100-Ⅱ（石油液化气罐车）	70	
GY80S（液化气罐车）	56	
JSQ6　JSQ7（凹底双层运输汽车专用车）	100	
DK36A（落下孔车）	360	
JSQ8（关节式双层运输汽车专用车）	240	

（3）车辆换长超过 1.5 的货车（D 型长大货物车除外），未明定计费重量的，按其超过部分以每米（不足 1 m 的部分不计）折合 5 t 与 60 t 相加之和计费。

（4）米、准轨间换装运输的货物，均按发站的原计费重量计费。

（5）承运人提供的 D 型长大货物车的车辆标重大于托运人要求的货车吨位时，经中铁特货公司批准可根据实际使用车辆的标重减少计费重量，但减吨量最多不得超过 60 t。

2. 运价率

根据托运人在货物运单上所填写的货物名称，按照铁路货物运输“代码表”查出该批（项）货物所适用的运价号；按承运当时实行的运价率表，查出该批货物适用的运价率。

（1）按一批办理的整车货物，运价率不同时，按其中高的运价率计费。

例如，托运人在某站托运一批货物，其中空调 50 台，运动器材 100 套，查出空调为 6 号，运动器材为 5 号，因其按一批托运，故按 6 号率计费。

（2）运价率加（减）成的确定。

《代码表》中规定的加（减）成应先计算出其适用的运价率后，再按下述规定进行加（减）成计算。

① 一批或一项货物，运价率适用两种以上减成率计算运费时，只适用其中较大的一种减成率。

② 一批或一项货物，运价率适用两种以上加成率时，应将不同的运价率相加之和作为适用的加成率。

③ 一批或一项货物，运价率同时适用加成率和减成率时，应以加成率和减成率相抵后的差额作为适用的加（减）成率。

例如，某站发送一件超级超限货物，用自备车装运。其运价率既适用于加成率又适用于减成率，超级超限货物加成率 150%，用自备车装运减成率 20%。因此该批货物适用的运价率为加成 150% − 20% = 130%。

（二）冷藏车货物运费

1. 铁路冷藏车装运易腐货物

适用铁路冷藏车装易腐货物时，按规定重量计费（见表 4-7），执行政府指导价“机械冷藏车”运价率。

表 4-7　冷藏车规定计费重量表

车种车型		载重/t	计费重量/t	附注
机械冷藏车	B_{10}	38	44	单节
	B_{21}	45	42	4 辆装货
	B_{22}	46	48	4 辆装货
	B_{23}	45.5	48	4 辆装货
冷板冷藏车	BSY		40	
冷藏车改造车	B_{15E}		56	
自备机械冷藏车			60	
自备冷板冷藏车			50	
替代其他货车装运非易腐货物铁路冷藏车			冷藏车标重	

（1）途中不需要加温（或托运人自行加温）或制冷的机械冷藏车按机械冷藏车的运价率减20%计费。

（2）要求途中保持温度-12℃（不含）以下的货物，按机械冷藏车运价率加20%计费。

2. 铁路冷藏车装运非易腐货物

使用铁路冷藏车装运非易腐货物时，按所装货物适用的运价率和货车标重计费。

3. 自备冷藏车、隔热车（即无冷源车）

使用自备冷藏车、隔热车（即无冷源车）装运货物时，按所装货物适用的运价率和规定重量计费。

（三）快运货物运费

按快运办理的货物运费计算同不按快运办理的货物运费计算，但需加收快运费。快运费的费率为该批货物运价率的30%。

（四）超长、超限货物的运费

1. 超限、限速货物运费计算

由于超限货物和需限速运行的货物运输条件特殊，办理手续复杂，影响铁路运输效率，运输成本也有所增加。因此，其运费计算按下列规定进行。

（1）一级超限：按运价率加50%计费。

（2）二级超限：按运价率加100%计费。

（3）超级超限：按运价率加150%计费。

（4）限速运行（不包括仅通过桥梁、隧道、出入站线限速运行）的货物，按运价率加150%计费。

2. 使用游车时货物运费计算

超长、超限货物运送时，在一些情况下，除使用负重的主车负担货物重量外，还需使用游车满足货物对长度的需要，所以要核收多使用的游车运费。游车运费按下列规定计算。

（1）游车不装货物时，游车运费按主车货物运价率和游车标重计费。

（2）利用游车装运货物，按所装货物运价率与主车货物运价率中较高的运价率核收游车运费。

（3）两批货物共同使用游车时，游车运费按主车货物的运价率及游车标重的1/2计费。

（4）运输超限货物或需要限速运行的货物使用游车时，游车运费不加成。

（5）自轮运转的轨道机械，以企业自备货车或租用铁路货车作游车时，按整车1号率核收游车运费；自轮运转的轨道机械，以铁路货车作游车时，按整车6号率和游车标重核收游车运费。

（6）D型长大货物车运输货物需用隔离车时，隔离车不另核收运费。隔离车加装货物时，按所加装货物适用的运价率核收运费。

（五）自备、租用车的运费

（1）托运人自备货车或租用铁路货车（不论空重）、用自备机车牵引或租用铁路机车牵引时，按照全部列车（包括机车、守车）的轴数与整车 1 号率计费。

（2）托运人自备货车或租用铁路货车、用铁路机车牵引，或租用铁路货车、用自备机车牵引运输时，按所装货物运价率减成 20%计费。

（3）托运人的自备货车或租用的铁路货车空车挂运时，按 1 号率计费。

（4）自备或租用铁路的客车、餐车、行李车、邮政车、专用工作车挂运于货物列车时，空车按 1 号率加成 100%和标重计费，装运货物时按其适用的运价率加成 100%和标重计费。但换长 1.5 以下的专用工作车不装货物时不加成。

（5）随车人员按押运人乘车费收费。

（六）自备货车装备物品及集装箱用具的回送费

（1）托运人自备的货车装备物品（禽畜架、篷布支架、饲养用具、防寒棉被、粮谷挡板）、支柱等加固材料和运输长大货物用的货物转向架、活动式滑枕或滑台、货物支架、座架及车钩缓冲停止器，凭收货人提出的“特价运输证明书”回送时，不核收运费。

（2）托运人自备的可折叠（拆解）的专用集装箱、集装笼、托盘、网络、货车篷布，装运卷钢、带钢、钢丝绳的座架、玻璃集装架和爆炸品保险箱及货车围挡用具，凭收货人提出的“特价运输证明书”回送时，整车按 2 号率计费。

（七）站界内搬运、途中装卸、整车分卸货物的运费

站界内搬运、途中装卸、整车分卸为整车运输特殊形式，其运费计算如下。

（1）站界内搬运的货物，按实际搬运里程（不足 1 km 的尾数进整为 1 km）和该批货物适用的运价率计算运费，不另收取送车费。

（2）途中装卸货物，不论托运人、收货人要求在途中装卸地点的前方或后方货运站办理托运或领取手续，途中装车按后方货运站计算运价里程，途中卸车按前方货运站计算运价里程，不另收取送车费。

（3）整车分卸的货物，按照发站至最终到站的运价里程计算全车运费和押运人乘车费。

（八）按整车办理的危险货物的运费

由于危险货物具有爆炸、易燃、毒害、腐蚀、放射性等特性，在运输过程中需进行特殊防护，因而车站在办理危险货物运输时，按下述规定进行运费核算。

（1）一级毒性物质（剧毒品）按运价率加 100%计算。

（2）爆炸品、气体、一级易燃液体（代码表 02 石油类除外）、一级易燃固体、一级易于自燃的物质、一级遇水发出易燃气体的物质、一级氧化性物质和有机过氧化物、二级毒性物质、感染性物质、放射性物质按运价率加 50%计算。

九、集装箱货物运费

集装箱货物运费按箱计费，不再考虑箱内所装货物重量，但所装货物重量与自重之和不得超过集装箱标记总重。集装箱内单件货物重量超过 100 kg 时，必须在托运人记事栏内注明。

集装箱实行市场调节价，集装箱货物的运费按照使用的箱数和“铁路货物运价率表”中

规定的不同箱型的运价率计算，但下述情况除外。

（1）20 ft 罐式、35 t 通用集装箱、冷藏箱（使用 BX 型车为冷藏箱提供在途供电时）按“铁路货物运价率表”中规定的 20 ft 集装箱运价率加 5%、20%、30%计算。

（2）40 ft 罐式集装箱按“铁路货物运价率表”中规定的 40 ft 集装箱运价率加 30%计算，其他集装箱加成仍按有关规定执行。

（3）装运一级毒性物质（剧毒品）的集装箱按“铁路货物运价率表”中规定的运价率加 100%计算；装运爆炸品、易燃气体、非易燃无毒气体、毒性气体、一级易燃液体（代码表 02 石油类除外）、一级易燃固体、一级自然物品、一级遇水易燃物品、一级氧化性物质、有机过氧化物、二级毒性物质（有毒品）、感染性物质、放射性物质的集装箱按“铁路货物运价率表”中规定的运价率加 50%计算。

（4）装运危险货物的集装箱按上述两款规定适用两种加成率时，只适用其中较大的一种加成率。

（5）自备集装箱空箱运价率按“铁路货物运价率表”规定重箱运价率的 40%计算。

（6）承运人利用自备集装箱回空捎运货物，按集装箱重箱适用的运价率计费，在货物运单铁路记载事项栏内注明，免收回空运费。

知识拓展

《铁路货物装卸管理规则》节选

铁路非运用车运输费用

第 63 条 铁路机车、客车、货车、轨道机械和大型养路机械，回送转属、定检、厂修、新车（机械）至配属段、事故大破损车（机械）由事故现场向就近站段回送、救援列车跨局执行任务时，凭国铁集团公司文电或调度命令，发站填写“特殊货车及运送用具回送清单”挂运，不收运输费用。

第 64 条 铁路局运营部门使用的技术鉴定和技术试验用车辆、铁路设施修复或事故救援用车辆、流动修理机械用车辆、轨道机械装备及其附属车辆、站段日常运输作业使用车辆和为管内沿线职工文化生活服务用的车辆，在规定的用途和使用范围内使用时，发站填写“特殊货车及运送用具回送清单”（事故救援用车辆和站段日常运输作业使用车辆除外）挂运，不核收运输费用。上述车辆超过规定使用范围（运输区间、有效时间，下同）时，按规定核收运输费用。

铁路干线其他用途的路用车，包括防洪备料车、焊轨厂的长钢轨运输车、采石场的砂石车装运货物挂运时，按所装货物适用的运价率核收运输费用，发站未核收的由到站补收。空车在铁路局管内回送时，发站填写“特殊货车及运送用具回送清单”挂运，不核收运输费用。

第 65 条 铁路施工单位经集团公司批准用于线路施工用途的路用车，按“合资、地方铁路及在线货车占用费”的规定费率由施工所在局向使用单位核收货车占用费；车辆在规定使用范围内挂运的，比照自备车核收运输费用，自备机车牵引或空车挂运时按自轮运转货物计费。改变施工用途或超出规定使用范围装运货物时，按“在专用线、专用铁路上”的货车租用费率，自车辆移交之日起核车辆使用服务费。

拓展任务

试分别确定以下几种情况的计费重量：

① C62A 型货车装钢板 55 t；

② C62A 型货车装玉米 63.2 t；

③ C62A 型货车装氧化铝粉 61.5 t；

④ 托运人要求使用标重 60 t 的 D5 型车装运发电机转子一件 55 t，承运人调配一辆标重 150 t 的 D17 型车（经中铁特货公司批准）；

⑤ SQ1（小汽车专用平车）装小轿车 8 辆 60.4 t。

任务二　核算运输杂费

情境任务

托运人在沈阳东站沈阳市大东区陶瓷装卸搬运服务站专用线装车，专用线里程 5 378 m。6 月 18 日到达北郊站卸车完毕，并发出领货通知，6 月 22 日货主到站领取货物。

要求：完成上述情境中相关杂费的计算。

学习目标

（1）了解杂费种类以及费率标准。
（2）能正确核收铁路货物运输杂费。
（3）培养认真细致的工作态度。

任务计划

序号	工作内容	负责人
1		
2		
3		

引导问题

1. 什么是运输杂费？

2. 运输杂费包括哪些项目？

3. 杂费是如何计算的？

4. 专用线取送车费的里程是如何确定的?

5. 计算情境中货物的发站专用线取送车费和铁路建设基金。

6. 请问到站是否需要向托运人收取仓储费? 请结合到达作业规章要求作答。

7. 整车运输和集装箱运输仓储费计费方法分别是怎样规定的? 若需要收取，请分别计算两种运输方式下的费用金额。

8. 若货物采用集装箱运输，计算货物的集装箱使用费。

9. 集装箱重箱出站的，按照规章规定，应于何时将空箱送回?

10. 若6月22日收货人将2个20 ft铁路集装箱从北郊站取走，至6月25日才将空集装箱送回，集装箱延期使用费应如何收取?

11. 印花税的收费标准是怎样规定的?

12. 请分别计算上述货物整车运输和集装箱运输的印花税。

13. 货物运杂费在铁路运输中是使用货票系统核算的，请你想一想为何要求货运员掌握运费计算的相关规定?

铁路货物运输杂费管理办法
扫码观看

知识链接

运输费用除运费外，还包括货物运送过程中实际发生的各种杂费。

铁路货运杂费是铁路运输的货物自承运至交付时全过程中，铁路运输企业向托运人、收货人提供的辅助作业和劳务，以及托运人或收货人额外占用铁路设备、使用用具和备品发生的费用，简称为货运杂费。杂费主要包括货运营业杂费、延期使用运输设备、违约及委托服务费用和租、占用运输设备费用三大类。

一、货运营业杂费

铁路货物运输营运中的杂费按实际发生的项目和“铁路货运营运杂费费率表”的规定核收。

（1）用铁路机车往专用线、货物支线（包括站外出岔）或专用铁路的站外交接地点调送车辆时，核收取送车费。计算取送车费的里程，应自车站中心线起算，到交接地点或专用线最长线路终端止，里程往返合计（不足 1 km 的尾数进整为 1 km），取车不另收费。

向专用线取送车，由于货物性质特殊或设备条件等原因，托运人、收货人要求加挂隔离车时，隔离车按需要使用的车数核收取送车费。

托运人或收货人使用铁路机车进行取送车辆以外的其他作业时，另核收机车作业费。

派有押运人押运的货物，核收押运人乘车费。

（2）使用铁路集装箱装运货物，向托运人核收集装箱使用费。使用铁路集装箱装运危险货物时，集装箱使用费加 20%核收。

（3）整车、零担、集装箱货物装卸费以及准、米轨间整车货物直通运输换装费，按《铁路货物装卸作业计费办法》的规定计费。

门到门运输中发、到站上门装、卸货物时，装卸费按《铁路货物装卸作业计费办法》的规定计费。

（4）货物保价费，按货物保价金额和规定的费率计算。

表 4-8 铁路货运营运杂费费率表

顺号	项目			单位	费率
1	取送车费			元/车公里	8.10
2	机车作业费			元/半小时	90.00
3	押运人乘车费			元/人百公里	3.00
4	集装箱取送车费	40 ft		元/箱公里	8.10
		20 ft		元/箱公里	4.05
5	集装箱使用费	1 t 箱	500 km 以内	元/箱	6.50
			501～2 000 km 每增加 100 km 加收	元/箱	0.52
			2 001～3 000 km 每增加 100 km 加收	元/箱	0.26
			3 001 km 以上	元/箱	16.90
		20 ft 箱	250 km 以内	元/箱	35.00
			251 km 以上每增加 100 km 加收（不足 100 km 按 100 km 计算）	元/箱	6.00
		40 ft 箱	250 km 以内	元/箱	70.00
			251 km 以上每增加 100 km 加收（不足 100 km 按 100 km 计算）	元/箱	12.00
		铁路拼箱（一箱多批）		元/10 kg	0.20
6	货物装卸作业费	按集团公司《铁路货物装卸作业计费办法》的规定核收			
7	货物保价费	按集团公司《铁路保价运输规则》的规定核收			
8	机车使用服务费			元/台日	3 660.00
9	货场场地使用服务费	仓库		元/每平方米月	6.00
		带雨棚站台		元/每平方米月	4.00
		露天站台		元/每平方米月	3.00
		露天场地（货位）		元/每平方米月	2.00

《铁路保价运输规则》扫码观看

铁路货物装卸作业计费办法扫码观看

二、延期使用运输设备、违约及委托服务费用

延期使用铁路运输设备、违约以及委托铁路提供服务发生的杂费，按实际发生的项目和表 4-9“延期使用运输设备、违约及委托服务杂费费率表”的规定核收。零担货物暂存费按计费重量计算。

表 4-9 延期使用运输设备、违约及委托服务杂费费率表

顺号	项目			单位	费率
1	仓储费	承运后交付前	整车货物	元/车日	150.00
			零担货物	元/百千克日	1.50
			20 ft 箱	元/箱日	75.00
			40 ft 箱	元/箱日	150.00
		仓储服务时	20 ft 箱	元/箱日	75.00
			40 ft 箱	元/箱日	150.00
			其他货物	元/箱日	2.50
2	专用线、专用铁路货车延期占用费			按照集团公司《铁路货车延期占用费核收暂行办法》的规定核收	
3	D 型长大货物车延期占用费			元/吨日	6.50
4	货车篷布延期使用费		D 型篷布延期使用费	元/张日	60.00
			其他篷布	元/张日	30.00
5	集装箱延期使用费		1 t 箱	元/箱日	3.00
			20 ft 箱	元/箱日	1～5 日 10.00，自第 6 日起 60.00
			40 ft 箱	元/箱日	1～5 日 20.00，自第 6 日起 120.00
6	货物运输变更手续费	变更到站变更收货人	整车货物和 20 ft、40 ft 集装箱货物	元/批	300.00
			零担货物和其他集装箱货物	元/批	20.00
		发送前取消托运	整车货物和 20 ft、40 ft 集装箱货物	元/批	100.00
			零担货物和其他集装箱货物	元/批	10.00

（1）门到门运输时，货物仓储费在应收该费时间段的前三日，按表 4-9 规定费率的 50%计费，自第四日起，允许铁路局根据各地的不同情况适当浮动，上浮幅度最大不得超过规定费率的 100%，下浮不限，并报集团公司备案。

货物承运前和交付后仍在车站仓储，或货物仅在车站仓储时，按实际仓储期间核收仓储费，货物仓储费在应收该费时间段，按表 4-9 规定的费率计费，允许铁路局根据各地的不同情况适当浮动，上浮幅度最大不得超过规定费率的 100%，下浮不限，并报国铁集团备案。

危险货物和易燃货物的仓储费率按普通货物费率加 100%计算。

（2）在专用线（含铁路的段管线、厂管线）、专用铁路内装卸及其他按规定由托运人、收货人自行装卸的铁路货车（D 型长大货物车除外）按《铁路货车延期占用费核收暂行办法》的规定核收货车延期占用费。

（3）由托运人、收货人自行装卸的 D 型长大货物车，自调到装卸地点（或交接地点）之日的第四日起，到装卸完了（或交接地点交接完毕）之日止，按日（不足一日按一日）核收 D 型长大货物车延期占用费。

（4）使用铁路货车篷布超过规定使用期限的，核收货车篷布延期使用费。

使用铁路集装箱超过规定期限的，核收集装箱延期使用费。

（5）托运人要求变更到站、变更收货人或发送前取消托运，由受理变更站核收货物运输变更手续费。

发送前取消托运，发站退还全部运费（含电气化附加费、京九分流运输和铁路建设基金等）和按里程计算的杂费，货物运费低于变更手续费时，免收变更手续费，但不退还运费。

货物发送后，托运人或收货人要求变更到站时，运费与押运人乘车费应按发站至处理站，处理站至新到站分别计算，由新到站向收货人清算，处理站应将变更事项记入货票内。由于处理变更所发生的杂费，应按实际发生分别核收。

对已承运的货物，因自然灾害发生运输阻碍变更到站时，免收变更手续费，运费按发站至处理站与处理站至新到站的实际经由里程合并通算。如至新到站经由发站至处理站的原经路时，计算时应扣除原经路的回程里程。杂费按实际发生核收。

（6）承运后发现托运人匿报、错报货物品名填写运单，致使货物运费减收或危险货物匿报、错报货物品名按一般货物运输时，按批核收全程正当运费二倍的违约金，不另补收运费差额。

到站发现货物的实际重量超过发站确定的计费重量时，对超过部分应按该批货物适用的运价率补收全程正当运费的差额。

（7）运杂费迟交金，从应收该项运杂费之次日起至付款日止，每迟延一日，按运杂费（包括垫付款）迟交总额的1‰核收。

铁路货车延期占用费核收暂行办法
扫码观看

三、租、占用运输设备费用

租用或占用铁路运输设备发生的杂费，按实际发生的项目和表4-10“租、占用运输设备杂费费率表”的规定核收。

表4-10　租、占用运输设备杂费费率表

顺号	项目			单位	费率
1	合资、地方铁路及在建线货车占用费		冷藏车	元/车小时	6.50
			其他货车	元/车小时	5.70
			D型长大货物	元/车小时	10.00
2	合资、地方铁路货车篷布占用费		D型篷布	元/张日	60.00
			其他篷布	元/张日	30.00
3	自备车或租用铁路货车停放费			元/车日	40.00
4	车辆使用服务费	在营业线上	冰冷车、家畜车	元/吨日	4.00
			罐车，散装水泥、粮食专用车	元/吨日	3.60
			其他货车（机冷车、D型长大货物车除外）	元/吨日	3.00
		在专用线、专用铁路上	冰冷车，家畜车	元/吨日	8.00
			罐车，散装水泥、粮食专用车	元/吨日	7.20
			其他货车（机冷车、D型长大货物车除外）	元/吨日	6.00
		机械冷藏车	单节型	元/车日	160.00
			5辆型	元/车组日	660.00
			9辆型	元/车组日	1320.00
		长大货物车	标重180 t以上	元/吨日	8.60
			标重不足够180 t	元/吨日	5.00
		守车		元/车日	60.00
5	路产专用线使用服务费			元/延米年	200.00

（1）国铁货车进入铁路工程在建线、临管线或地方铁路时，分别向其管理单位核收合资、地方铁路及在建线货车占用费。

（2）国铁的货车篷布进入未与国铁办理直通运输的合资、地方铁路时，向合资、地方铁路核收合资、地方铁路货车篷布占用费。

（3）自备车或租用铁路货车由于托运人或收货人的原因在铁路站线或未出租的路产专用线存放，从货车到达次日起，到调离存放地点之日止，按日（存放时间不足 12 h 的免收）核收自备或租用货车停放费。

（4）租用铁路货车或守车，向租用人核收车辆使用服务费。

车辆使用服务费按车辆标重（标重不足 30 t 的家畜车按 30 t，机械冷藏车按车组，守车按车）计算。

（5）出租路产专用线时，应自接轨道岔尖端起，按线路总长度向租用人核收路产专用线使用服务费。

四、杂费计算及尾数的处理

杂费的核收按照《铁路运杂费核收管理办法》规定进行核收。杂费计算公式为

$$杂费 = 杂费费率 \times 杂费计费单位$$

各项杂费不满一个计算单位的，均按一个计算单位计算（另有规定者除外）。货运杂费按实际发生核收，未发生的项目不准核收。

杂费的尾数不足 1 角时按四舍五入处理。

知识拓展

一、铁路建设基金

货物经由国家铁路正式营业线和实行统一运价的运营临管线时应核收铁路建设基金。

（一）计算公式

$$铁路建设基金 = 费率 \times 计费重量（箱数或轴数）\times 运价里程$$

式中：费率——具体数据见铁路建设基金费率表（见表 4-11）。

计费重量——整车、零担货物按该批货物运费的计费重量计算，集装箱货物按箱数计费；货物运费内分项填记重量的货物，按运费计费重量合并计算。

运价里程——按该批货物经由国铁正式营业线和实行统一运价运营临管线的运价里程计算。

表 4-11　铁路建设基金费率表

项目种类	计费单位	农药	磷矿石	其他货物
整车货物	元／吨公里	0.019	0.028	0.033
零担货物	元／10 kg 公里	0.000 19	0.000 33	
自轮运转货物	元/轴公里	0.099		

续表

项目种类			计费单位	农药	磷矿石	其他货物
集装箱	1 t 箱		元 / 箱公里	0.019 8		
	10 t 箱		元 / 箱公里	0.277 2		
	20 ft 箱		元 / 箱公里	0.528 0		
	40 ft 箱		元 / 箱公里	1.122 0		
	空自备箱	1 t 箱	元 / 箱公里	0.009 9		
		10 t 箱	元 / 箱公里	0.138 6		
		20 ft 箱	元 / 箱公里	0.264 0		
		40 ft 箱	元 / 箱公里	0.561 0		

注：整车化肥、黄磷免收铁路建设基金。

（二）其他说明

（1）铁路建设基金由发站一次核收。

（2）国际联运国内段铁路建设基金，出口货物由发站核收，进口货物由国境站核收。

（3）军事运输也按规定的费率核收铁路建设基金。

（4）铁路建设基金的尾数不足 1 角的按四舍五入处理。

（5）免收运费的货物、站界内搬运的货物免收铁路建设基金。

（6）货物承运后发生运输变更时，按《铁路货物运价规则》处理运费的方法处理。

（7）承运后发现托运人匿报、错报货物品名，致使铁路建设基金少收时，到站除按正当铁路建设基金补收差额外，另核收该差额等额的违约金。

二、印花税

中华人民共和国境内书立、领受《中华人民共和国印花税暂行条例》所列举凭证的单位和个人，都是印花税的纳税义务人，应当按照规定缴纳印花税。

印花税是指以经济活动中签立的各种合同、产权转移书据、营业账簿、权利许可证照等应税凭证文件为对象所征的税。其中包括货物运输合同凭证。

印花税属铁路代收费用，印花税按运费的万分之五核收。印花税以元为单位，精确至角，角以下四舍五入。印花税起码价为 1 角。运费不足 200 元的货物，免收印花税。

任务三　货运收入管理

情境任务

某物流公司在沈阳东站托运纸箱包装教学仪器（30 000 kg、500 箱、体积 30 m^3）和搪瓷杯（16 000 kg、400 箱、体积 32 m^3），在途中 A 站因托运人责任造成货物整理，B 站整理产生的加固以及包装补修发生的人工、材料费 900 元，要求托运人当时支付。

要求：根据货运收入管理规定，判定 A 站做法是否正确。

学习目标

（1）了解铁路运输收入基本概念。

（2）了解铁路货运收入管理的性质、特点，任务，运输收入包含的内容。

（3）了解运输票据的管理及运输收入的核算、结算方法。

（4）严格遵守国家财经法规和铁路规章制度，遵守职业道德，处理问题应坚持原则，实事求是，廉洁奉公。

任务计划

序号	工作内容	负责人
1		
2		
3		

引导问题

1. 铁路运输收入工作的基本规范和管理依据是什么？

2. 铁路货运收入由哪几部分构成？

3. 铁路运输企业核算货运收入的原始凭证是什么？该类凭证是国家批准的专业发票，属于有价证券，这种说法对吗？

4. 作为工作人员，有义务也有权利修改铁路电子票据数据信息，请问这种说法正确吗？

5. 运输费用的核收方式有哪几种？

6. 运输费用的结算方式有哪几种？

7. 托运人可以要求到站由收货人支付运费吗？

8. A 站的做法是否正确？请说明依据。若 A 站做法不正确，请问 A 站该如何处理？

货运票据电子化系统整车装车操作流程视频扫码观看

知识链接

一、铁路货票管理系统

货物运单是铁路货运第一数据源。在车站的货物运单具有货物运输合同的性质，属于铁路有价证券凭证，其金额部分不得涂改，是处理货运事故向收货人支付运到逾期违约金和补退运杂费的依据，在运输过程中则是货物运输凭证。

铁路货票管理系统分为三级，分别是站段级货运制票系统、铁路局级铁路货票信息综合应用系统和国铁集团货票信息管理系统三部分组成。

（一）国铁集团货票信息管理系统

在国铁集团建立完善的全路货票库，同步生成统计摘要库。在货票轨迹库中记录货票的作废与恢复、运输途中的变更、转装、径路变更等信息。对跨局发送和到达货票信息进行分类整理，以标准格式按到达铁路局组织文件，并转发到达铁路局，再由铁路局转发车站。国铁集团货票信息管理系统主要实现货票信息的查询、信息共享、统计分析以及数据挖掘结构的查询和可视化显示。

（二）铁路局级货票信息综合应用系统

在铁路局建立完整的全局货票库，完成局内货票的收集和到达货票向到达车站的转发工作，为统计、收入、调度等部门提供原始货运信息。实现货票补退款、货票统计更正、军运后付货票的信息采集和查询、统计、报告文件生成与处理。

（三）车站货运制票系统

车站货运制票系统是 TMIS 货票管理的基层站段系统，是货运站管理信息系统的一个子系统，是 TMIS 货票管理系统的信息源点。货运制票系统弥补了传统的手工制票工作复杂、工作量大、速度慢、易出错的缺点。我国铁路从 20 世纪 70 年代起，就开始利用计算机辅助作业的货票系统，大大推动了车站信息化管理发展。

对于集装箱和零担，运单受理后，车站便可以收费、制货票；对于整车，规定装车后，收费、制货票。车站货票制票终端一般位于货运站，也可以位于收货代理点（无轨站）。如果运单记录了完整的货运过程，货票可以直接读运单制票，但由于目前的运单记录不完整，所以，需要制票货运员补充完整的运单信息，如施封、装载加固等。之后完成径路里程计算、计费、打印、存储等一系列操作。终端具有键盘输入控制、数值和逻辑校验、计费和记事智能处理、联机帮助等辅助功能，可打印普通、国联、水联、军运、快运、集装箱货票等。支持发送货票、交付货票、杂费票、补退款，支持现金支付、网银支付、预付款、预冻结、窗口 POS 机等支付方式，支持货票套打、营改增发票打印。货票数据被保存后，在铁路局集中存储。支持对打印出错的货票进行作废处理。支持本站的货票信息综合应用，生成财收、装车结账、预付款抵用清单、抵用款流水单等报告。

货运业务员作业视频扫码观看

二、铁路运输收入

铁路运输收入，是指铁路运输企业在办理客货运输业务和辅助作业中，向旅客、托运人、收货人核收的票款、运费、杂费等运输费用的总称。

铁路运输收入分为货运收入、铁路建设基金、代收款。

（一）货运收入

货运收入是指铁路运输企业在办理货物运输业务和辅助作业中，使用铁路运输票据，按规定向托运人、收货人核收的运费、杂费。

（二）铁路建设基金

铁路建设基金是指铁路运输企业在办理货物运输业务过程中，使用铁路运输票据，按规定向托运人、收货人核收的经国家批准征收的铁路建设基金。

（三）货运代收款

代收款是指铁路运输企业在货物运输业务和辅助作业中，使用铁路运输票据或其他专用票据，按规定向托运人、收货人核收的下列费用：

（1）国际联运应清算给外国铁路的旅客票价收入，行李、包裹、货物运杂费；内地与香港直通运输中应清算给有关铁路方的旅客票价收入，行李、包裹、货物运杂费。

（2）装卸费及其他作业费。

（3）旅客、托运人、收货人预付款。

（4）经国铁集团批准的其他代收款。

中国铁路运输收入管理规定
扫码观看

三、铁路运输收入管理

（一）铁路运输收入管理的性质

铁路运输收入管理具有财务会计属性的工作性质，它属于财会部门，是从事货币计量的管理工作，是按照统一会计核算制度进行收入会计核算的，具有会计核算的系统性、连续性、全面性等特征。

（二）铁路运输收入管理的基本任务

铁路运输收入管理工作是指对铁路客货运输票据、运输进款资金运动和运输收入实现的全过程进行监督与管理。其基本任务是：

（1）监督客、货营业单位正确核收各种运输费用。

（2）负责运输收入进款资金的管理，确保运输收入完整和资金的及时缴拨。

（3）对各项运输收入进行审核和会计核算，编制会计报表，提供准确的运输收入数据信息。

（4）为各经济主体之间的资金结算和运输收入清算提供准确的运输收入数据信息。

（5）负责铁路客货运输票据的印制、供应、使用和保管等管理工作，保证运输生产的需要。

（6）负责编制铁路运输收入预算，并组织落实。

（7）查处各种和侵犯铁路运输收入相关的违章违纪行为。

（三）铁路运输收入的基本环节

运输收入管理包括四个基本环节，概括为“票”“款”“账”“表”。

（1）“票”：是指有价证券（客货运输票据）的管理，它是运输收入管理工作的第一个环节，是运输收入的先行，有票才有款。

（2）“款”：包含对进款管理、客货运杂费管理和上缴款的管理，是运输收入管理的核心环节。

（3）“账”：是指报账单位的各种业务账簿和主管收入部门的各种会计账簿。

（4）“表”；是运输收入最终的归集和结果反映，是运输收入管理的最后一个环节，包括车站、列车的各种业务报表和各级主管收入部门的各种会计报表。

（四）铁路运输收入管理的基本法规和法规依据

（1）财会法规：《会计法》《企业会计准则》。

（2）会计核算制度：《铁路运输企业会计核算制度》《铁路运输收入管理规程》《铁路运输收入会计规则》《铁路运输收入工作规则》以及铁路局的收入细则等。

（3）运输法规：《铁路法》，客货运各类规程、规则、细则、命令、办法等。

四、铁路货物运输票据管理

（一）铁路货物运输票据的范围和性质

铁路办理客货运输使用的各种货票、货运杂费收据、定额收据、有价表格等统称为铁路货物运输票据。

铁路货物运输票据是国家批准的专业发票，属有价证券，是铁路运输企业核算运输收入的原始凭证，铁路货物运输票据的各联任何单位不得增减。

（二）货物运输票据分类

货物运输票据分类有以下几种方法：

（1）按功能不同，货物运输票据可分为运输用票据和收款用票据。

（2）按各联的用途不同，货物运输票据可分为运输用凭证（运输联）、收款用凭证（报销联）、报账用凭证（上报联）和备查用凭证（存根联）等。

（3）按印刷不同，货物运输票据可分为册页式票据、软纸票据和定额票据。

货运进款票据又可有以下几种分类方法。

（1）收款兼运输用票据：现付货票、国际货物联运票据。

（2）收款专用票据：货运杂费收据、装卸专用收据、货运服务收入专用收据、各种定额专用收据。

（三）货物运输票据的交接

货物运输票据的交接管理规定如下：

（1）运输票据属有价证券，必须当面点交，相互签认，不得信用交接和不见面交接。

（2）货运人员向管票人员领用票据时，应有请领交接签认手续，认真点收无误后在“票据进款交接簿（财收-22）”上签认。

管票人员调动时应注意以下问题。

（1）应由站段领导督促办清交接手续。

（2）交接双方应按本首尾连号点交，并注意原施封是否完整。

（3）对移交不清的，接受人可拒绝接受，未交清前移交人不得离职。

（4）交接后发生的短少，由接收人员负责。

（四）货物运输票据的保管

1. 保管的责任制度

货物运输票据具有随时兑现的功能，故具有与现金相似的性质，因此须建立与现金保管同样的保管责任制度。具体有以下几个方面的内容。

（1）各单位对货运票据必须指定专人负责管理，管票人员应保持相对稳定，并建立严密的票据管理制度。

（2）货运票据要设专用票据库或妥善的存放地点，并备有安全、防潮、消防设备。严禁闲杂人员出入，防止被盗、抽票挪用、虫蛀和鼠咬。

（3）从领票库领出的票据，必须锁入票箱、票柜内，在使用过程中的票据必须做到人离加锁，防止短少和丢失。

（4）寄送未使用的运输票据，必须严格按规定要求捆包施封，并按《客运列车送铁路文件办法》办理。

（5）票库、票柜钥匙由管理人员负责保管，不准挂放公用，也不应交给他人使用。节假日取票，可采取临时加挂双锁，由站长指定二人各掌握其中一把锁的钥匙，共同开柜取票。

（6）上级有关人员因检查工作需要进入票库，应有管票人员陪同。

（7）站段应建立“客货票据账（财收-5）”的核对制度，每年进行一次大清查，达到账账相符、账实相符，发现问题应及时报告主管收入部门。

2. 保管的经济责任

运输票据是确认和计量铁路运输企业产品销售收入的有价证券，各单位对其均负有经济责任，对发生各种责任内的票据事故，应负有以下经济责任。

（1）因安全设施不良造成票据丢失、短缺、被盗的，均应由站段负经济赔偿责任。

（2）发生因交接不清的丢、缺、盗等事故，其责任难以判断时，应由接收方（单位或个人）负主要责任。

五、货物运输费用的核收与结算

（一）核收方式

铁路运输费用具体核收方式分为现付、到付、后付、预付四种。

（1）现付：货物运费以及发站发生的杂费（或发站计算核收到站杂费）实行发送核算制，由发站负责计费收款，发送运输企业审核列账。

由货运制票单位或站点负责计费收款，收款运输企业审核列账。

95306 网站制票，通过货物运输业务信息系统和铁路电子支付计费和结算运输费用，由票面发站的运输企业审核列账。

（2）到付：批准按到付办理的货物运杂费、中途站和到站发生的杂费，由到站负责计费收款，到达运输企业审核列账。

（3）后付：符合后付范围的军事运输发生的票款、运费、押运人乘车费，以及国铁集团批准的按后付办理的货物运输费用，由发站负责制票，发送运输企业集中审核、列账并按国铁集团制定的结算办法向指定单位进行结算。

（4）预付：对于铁路货物运输费用，可在收款人和付款人双方自愿的原则下可签订协议按预付办理。

（二）结算方式

铁路运输费用结算方式分为现金结算和非现金结算两种。

对企业、事业单位、机关团体和签有合同的单位发生的铁路运输费用，可以使用支票结算，对经常发到货物的单位，在不影响货运营业单位运输费用送存银行的前提下，可按日汇总结算。

对符合条件的铁路签约客户，可以办理一定时期内发生铁路运输费用的汇总结算。

铁路运输费用不办理异地托收。

发生退款时，按原收款结算方式办理。

复习思考题

1. 什么是货物运价?

2. 铁路计算运费的主要规章有哪些?

3. 货物运费计算的影响因素有哪些?

4. 天津重型机床厂在天津站托运机床一件，重 36 t，到站呼和浩特站，收货人呼和浩特机械厂，使用一辆 N17AK 平车装运，二级超限，试计算其运费。

5. 唐山建工集团在山海关站托运吊架一件，到站沈阳西，货物全长16.3 m，重42 t，使用一辆N17AK平车一端突出装运，另一端用一辆N17AK平车做游车，试计算该批货物的运费。

6. 大同永新石灰厂在大同东站装运一批石灰石到集宁南站，重 1400 t，收货人集宁建筑集团。自备车一台（6 轴），自备货车 20 辆（均为 4 轴 70 t 敞车），自备守车一辆（4 轴），共同组成列车运输，试计算其运费。

7. 集装箱货物的计费重量和运价率如何确定?

8. 某站 2019 年 6 月 10 日到达麻袋二车，各重 60 t，车站于卸车当日通知收货人，收货人于 6 月 17 日到车站办理领取货物手续并交款，请按照国铁集团规定计算货物仓储费（注：麻袋属于易燃货物）。

9. 中石油西北销售公司自备罐车于 2019 年 5 月 21 日 23:00 到达，因专用线卸车积压，车辆于 5 月 24 日 1:20 送入专用线，请问是否产生费用? 如果产生，应核收多少?

10. 请简述铁路运输收入管理的基本任务。

项目五　处理货物损失

情境描述

情境一：2021 年 12 月 27 日，天津某食品有限公司在南仓站按整车托运玉米粉一批，编织袋包装，3 000 件，保价 80 000 元，到站蚌埠东站，使用 P623042981 一车装运，施封号码 10997/10998，收货人江苏某粮食有限公司。该车于 1 月 4 日到达蚌埠东站，于当日 9:00 开始卸车，10:30 卸车完了，卸车后清点货物实卸 2 764 件，较票据记载不足 236 件，车门处可容纳不足件。

情境二：西安南站发简阳站货物列车，2022 年 3 月 4 日 5:20 到达简阳站 5 道，6:30 货检人员发现机后 5 位车号 P_{62A}3802179 门窗关闭良好，两侧施封良好，从左侧门处有浓烟冒出，立即组织有关人员组织抢救，10 点将火扑灭。经清点，该车中货物烧损 200 件，其余货件过水，估计损失金额 20 万元，经核实，该车货物为西安南站发简阳站的豆粕，承运日期为 2022 年 2 月 27 日，保价金额 50 万。

请依据规章完成上述货物损失的处理。

任务一　认识货物损失

情境任务

“这个敞车的大门缝隙太大，要多喷些填缝剂填补。”赵卫东一边用铁锤指着铁路敞车大门门隙、一边对封堵工作人员说道，工作人员立即用填缝剂将大门缝隙堵上。虽然已是深秋，但湛江午间的太阳还是很猛烈，赵卫东沿着两股道中间一边行走一边检查了 10 多辆列车之后，汗水从黄色的安全帽帽檐顺着脸颊滴下，蓝色的工作服已被汗水渗湿。赵卫东是中国铁路局南宁局集团公司湛江货运中心理赔安全室负责人，自 1989 年参加工作以来，在铁路系统一干就是 31 年，打磨成铁路货运“老技师”，先后取得货运安全员首席技师和货运值班员技师资格证，在服务铁路货运安全发展的岗位上默默耕耘、恪守奉献。

要求：描述上述情境一、情境二中货物损失种类与等级。

想一想：货物损失处理人员在工作过程中应秉承什么样的工作作风？需要具备哪些职业素养？

学习目标

（1）认识货物损失。

（2）掌握铁路货物损失的种类与等级。

（3）培养“安全第一、预防为主”的责任意识。

任务计划

序号	工作内容	负责人
1		
2		
3		

引导问题

1. 根据情境一，回答下列问题。

（1）什么是货物损失？

（2）情境一中，货物损失种类属于哪一种？

（3）被盗和丢失的区别是什么？

2. 根据情境二，回答下列问题。

（1）货物损失种类属于哪一种？

（2）情境二中估计损失金额 20 万元，请判断货物损失的等级？货物损失的等级包括哪些？

知识链接

为加强铁路货运安全管理，明确货物损失处理的原则、程序和铁路内部责任划分等，根据《中华人民共和国安全生产法》《中华人民共和国合同法》《中华人民共和国铁路法》《铁路安全管理条例》《铁路货物运输规程》《铁路货物运输管理规则》等相关法律法规和中国铁路集团有限公司有关规定，制定《铁路货物损失处理规则》（简称“损规”）。该规则不作为承运人与托运人、收货人划分责任的依据，适用于国铁集团及所属铁路运输企业。

一、货物损失处理的原则

铁路货物损失处理工作应贯彻预防为主、及时处置、优质服务的方针，分层管理、逐级负责。货物发生损失时，应本着对托运人和收货人高度负责的原则，积极采取保护措施，尽量减少损失。对货物损失发生的原因和责任认定，应调查研究，查清事实，根据国家法律、行政法规及国铁集团的有关规定进行处理。

对于承运人责任明确的货物损失，应先对外赔付，后划分为铁路内部责任，做到主动、及时、真实、合理。

二、货物损失种类和等级

（一）货物损失的定义

货物在铁路运输过程中（自铁路运输企业接收货物时起至将货物交付收货人时止）发生灭失、短少或者损坏属于货物损失。

（二）货物损失的种类

为便于货物损失统计和调查处理，按货物损失性质的不同，可将货物损失分为火灾、被盗、丢失、损坏和其他等五类。

（1）火灾。

（2）被盗（有被盗痕迹）。

（3）丢失（全批未到或部分短少、漏失，没有被盗痕迹）。

（4）损坏（破裂、变形、磨伤、摔损、部件破损、湿损、冻损、腐烂、植物枯死、活动物死亡、变质、污染、染毒等）。

（5）其他（办理差错及其他原因造成的货物损失）。

“火灾”是指在铁路运输过程中，由于运输物资或车辆、集装箱发生失去控制的燃烧，造成货物、仓库、货车、设施、运输物资损失等后果的灾害。火灾损失的原因认定以公安消防部门《火灾原因认定书》为准。

“被盗”和“丢失”的区别在于是否有“被盗痕迹”，“被盗痕迹”主要以包装被撕破为表面特征。对于包装封条开裂、捆匝脱落，内品短少或被调换，除能证明属于被盗之外，均按丢失处理。货物全批灭失、件数短少、包装破损、内品短少的，按丢失处理。货车破封不能一概视为被盗，是否被盗还是要看货物是否有被盗痕迹。

（三）货物损失等级

货物损失分为四级：

（1）一级损失：货物损失款额（以下简称损失款额）10 万元以上的。

（2）二级损失：损失款额 1 万元以上未满 10 万元的。

（3）三级损失：损失款额 1 000 元以上未满 1 万元的。

（4）轻微损失：损失款额未满 1 000 元的。

铁路运输过程中发生的办理差错（未构成货物损失的），如误办理（违反营业办理限制、停限装命令）、误运送、误交付、货物与票据信息不符、无货物或无票据信息等，按照有关规定程序处理。货物损失标签如图 5-1 所示。

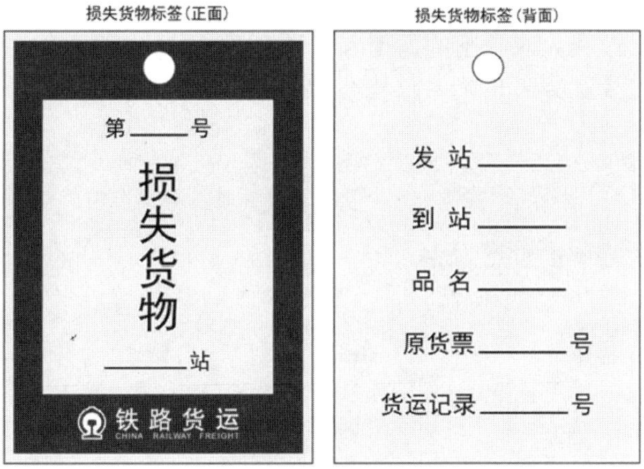

图 5-1　货物损失标签

任务二　货物损失处理作业

情境任务

情境一：西安南站发简阳站货物列车，2022 年 3 月 4 日 5:20 到达简阳站 5 道，6:30 货检人员发现机后 5 位车号 P_{62A}3802179 门窗关闭良好，两侧施封良好，从左侧门处有浓烟冒出，立即组织有关人员组织抢救，10:00 将火扑灭。经清点，该车中货物烧损 200 件，其余货件过水，估计损失金额 20 万元，经核实，该车货物为西安南站发简阳站的豆粕，承运日期为 2022 年 2 月 27 日，保价金额 50 万。

请依据规章完成上述货物损失的勘察、编制货物损失速报，编制货运记录、完成货物损失的调查处理。

案例：2021 年 12 月 27 日，天津市 × × 食品有限公司在南仓站按整车托运玉米粉一批，编织袋包装，3 000 件，保价 80 000 元，到站蚌埠东站，使用 P623042981 一车装运，施封号码 10997/10998，收货人江苏 × × 粮食有限公司。该车于 1 月 4 日到达蚌埠东站，于当日 9:00 开始卸车，10:30 卸车完了，卸车后清点货物实卸 2 764 件，较票据记载不足 236 件，车门处可容纳不足件。

装卸工人立即向货运员报告，货运员立即向货运安全员小王报告。小王立即组织有关人员赶赴现场，进行货物损失勘察、清理、资料收集并编制货物损失报告，同时也通知收货人，如实将情况告知。收货人对小王的处理非常满意。

想一想：从货物损失处理人员的角度谈谈如何做到“客户至上”？

学习目标

（1）掌握货物损失勘察的重点。
（2）能够编制货物损失报告。
（3）熟悉货物损失速报。
（4）熟悉货运记录的编制。
（5）熟悉普通记录的编制。
（6）熟悉货物损失的调查处理。
（7）掌握货物损失处理程序和要求。
（8）具有正确处理货物损失的能力，培养“安全第一、预防为主”的责任意识。
（9）培养按章办事，严肃认真，一丝不苟，确保运输安全的职业素养。

任务计划

序号	工作内容	负责人
1		
2		
3		

引导问题

1. 根据情境一，回答下列问题：

（1）情境一中，货物损失勘察的重点是什么？

（2）根据情境一内容，判断是否需要编制货运记录或者普通记录？什么情况需要编制货运记录？什么情况需要编制普通记录？

（3）情境一中，记录编制的要求有哪些？

（4）货运记录由谁编写？请根据情境一的内容，完成记录的编制。

（5）情境一中，简述上述货物损失的处理程序。

2. 根据情境二，回答下列问题：

（1）情境二中，货物损失勘察的重点是什么？

（2）情境二中，是否需要编制货物损失速报？什么情况下拍发货物损失速报？货物损失速报的内容包括哪些？

（3）根据情境二的内容，完成货物损失速报的编制。

知识链接

货物损失处理作业包括货物损失发现和现场处理、货物损失调查与定责、货物损失赔偿与诉讼、货物损失分类与统计、无法交付货物和无标记货物的处理（简称两无货物），见图 5-2。

货物损失的处理流程：

1. 货物损失发现和现场处理程序

抢救处理→货物损失报告→货物损失勘察→货物清理→收集资料→编制不带号码的货运记录。

2. 货物损失调查与定责程序

现场核实→编制货运记录→确定货物损失等级→拍发货物损失速报→查询→答复→原因和损失鉴定→货物损失分析→划分责任承运人与托运人和收货人间的责任→划分承运人内部责任。

3. 货物损失赔偿与诉讼程序

审核资格→审核资料→赔偿与清算→诉讼。

4. 货物损失分析与统计程序

分析→统计。

5. 无法交付货物和无标记货物处理

编制记录→收集保管→查询处理→报批变卖。

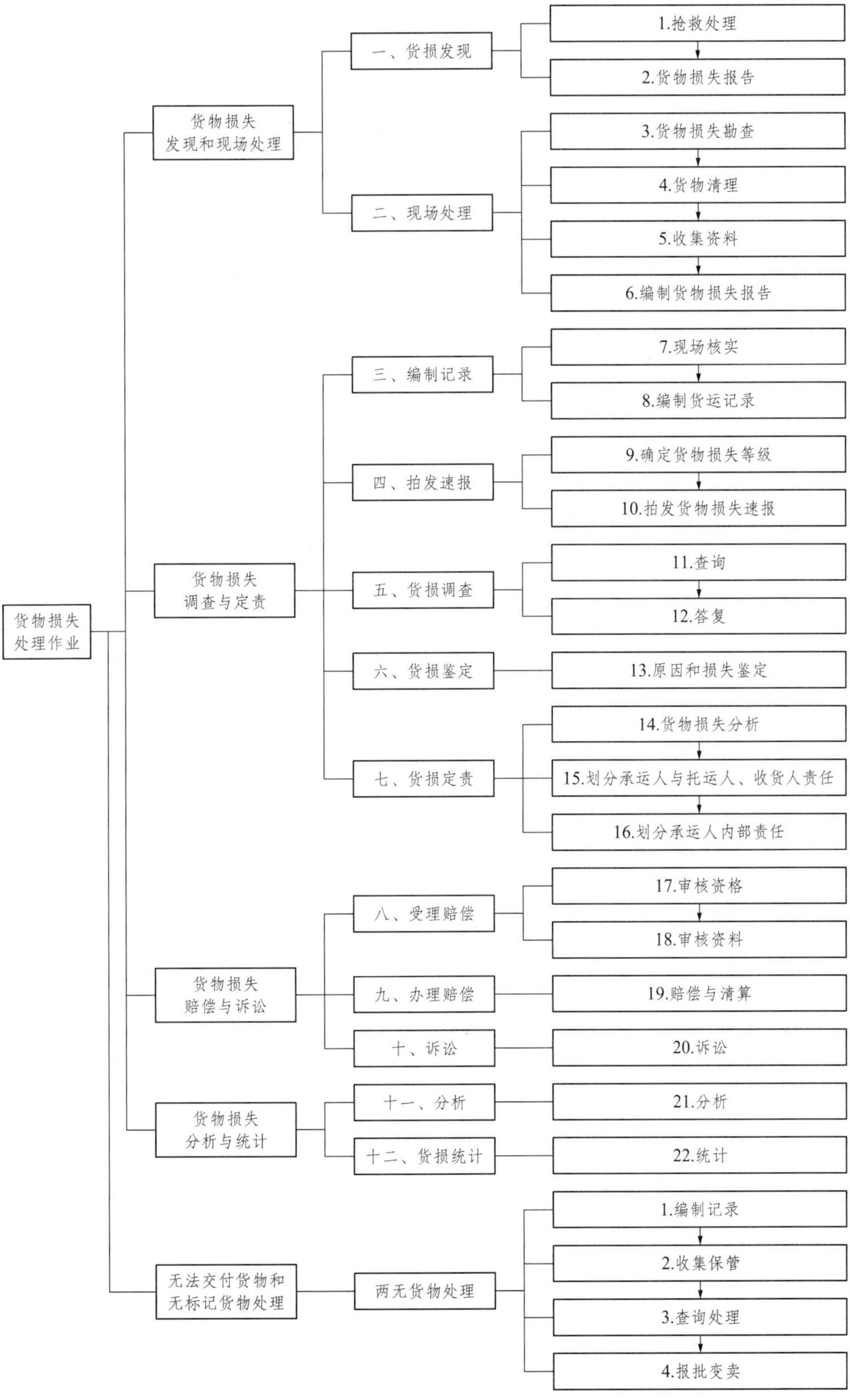
货物损失处理作业
货物损失发现和现场处理
一、货损发现
1.抢救处理
2.货物损失报告
二、现场处理
3.货物损失勘查
4.货物清理
5.收集资料
6.编制货物损失报告
货物损失调查与定责
三、编制记录
7.现场核实
8.编制货运记录
四、拍发速报
9.确定货物损失等级
10.拍发货物损失速报
五、货损调查
11.查询
12.答复
六、货损鉴定
13.原因和损失鉴定
七、货损定责
14.货物损失分析
15.划分承运人与托运人、收货人责任
16.划分承运人内部责任
货物损失赔偿与诉讼
八、受理赔偿
17.审核资格
18.审核资料
九、办理赔偿
19.赔偿与清算
十、诉讼
20.诉讼
货物损失分析与统计
十一、分析
21.分析
十二、货损统计
22.统计
无法交付货物和无标记货物处理
两无货物处理
1.编制记录
2.收集保管
3.查询处理
4.报批变卖

图 5-2　货物损失处理作业

一、货物损失勘察

发现货物损失后，发现人员应保护现场，立即向车站负责人和货物损失处理人员报告。接到报告后，车站负责人应组织有关人员立即赶赴现场进行货物损失勘察、清理、资料收集并编制“货物损失报告”。必要时通知托运人或收货人、物流企业（包括铁路物流企业或铁路运输企业委托的社会物流企业）。在接取送达过程中发现货物损失时，应由物流企业相关人员对发生损失货物情况拍照留存，并编制货物损失报告，连同货物损失现场照片一并交车站。

勘察货物损失应如实记录损失状况和现场情况，充分利用现代化设备（照相机、音视频记录设备等）留存关键证据影像资料，为货物损失处理提供依据。货物损失按下列情况重点勘察。

（一）火　灾

查明火灾列车车次、到达时间、编挂位置。查看车内货物现状、起火部位、四周货物烧损情况。检查车辆状态、货物装载高度、了解机车类型及状态。

（二）被　盗

车、集装箱内货物被盗时，查明列车车次、到达时间、编挂位置，查看车（箱）体状态、施封状态、货物装载现状。

（三）丢　失

车（箱）内货物丢失时，查明列车车次、到达时间、开始卸车时间和卸车完了时间，检查车辆、施封状态、货物装载现状。

（四）损　坏

查明破损货物的损坏程度、部位、数量、包装、衬垫、破口尺寸，检查堆码状态、车（箱）状态以及篷布状态。

查明变质货物位置以及损失程度、数量，机械冷藏车乘务员出具的普通记录和机械冷藏车作业单，运单上货物的容许运到期限，记事栏相关内容及标记，货物包装堆码方式等。

查明污染货物损失程度、数量，车内污染物（源）名称、位置、面积、包装情况，污染物（源）名称、位置、面积、包装情况、污染物（源）与被污染货物距离等。

发现货物被盗、火灾等情况，发现单位（人）应立即报公安、消防部门；货物损失涉及铁路交通事故的，应报告铁路局集团公司列车调度、安全监督管理部门；涉及车辆技术状态的，应通知车辆部门；涉及活动物或食品污染变质的，应通知防疫、检疫部门；涉及参加保险的货物，必要时应通知保险公司；涉及海关监管的货物，应通知海关监管部门；涉及环境污染的货物，应通知环保部门；必要时还应通知托运人或收货人。

二、货物损失报告

货物损失报告由货运员或负责接取送达的物流企业相关人员在发现货物损失当日编制，

是货运安全员编制货物记录的依据，如图 5-3 所示。

（1）货物损失报告使用不带号码的货运记录编制。

（2）货物损失报告应根据现场勘察情况，如实记载损失货物及有关方面的现状，填写字体要工整清晰，项目各栏填写齐全，并需编制人本人签字。

（3）货物损失报告由货物值班员审核签字后，连同收集的施封锁、现场照片等相关资料，一并交货运安全员处理。

货物损失处理人员接到货物损失报告后，应核实货物损失报告各栏填写是否齐全正确，相关资料是否齐全，并在保价系统中加载货物损失报告照片。必要时，要到现场核实损失货物情况。

货物损失报告

一、一般情况

办理种别______运单号码______于____年____月____日承运

发　站______发公司______托运人______装车单位______

到　站______到公司______收货人______卸车单位______

车种车型______车号______标　重______吨

______年____月____日 第______次列车到达

______年____月____日____时____分卸车______年____月____日____时____分卸完

封印：施封单位______/______施封号码______/______

篷布：篷布号码______保价/保险______货物价格______元

二、货损情况

项目	货物名称	件数	包装	重量(kg) 托运人	重量(kg) 承运人	托运人记载事项
票据原记载						
按照实际						
货物损失详细情况						

三、参加人签章

车站负责人______编制人______审核人______

公安人员______收货人______其他人员______

____年____月____日编制　　　　______公司______站（章）

图 5-3　货物损失报告

三、货运损失速报拍发条件

发现火灾，罐车装运的压缩气体、液化气体泄漏剧毒品、爆炸品、放射性物品被盗丢失以及估计损失款额达到一级损失等情况时，应在 1 h 内逐级报告，并在 24 h 内向有关车站、直属站段、铁路局集团公司和有关铁路公安部门以电报形式拍发“货物损失速报”，抄送国铁集团货运部。

“货物损失速报”内容如下：

（1）损失等级、种类。

（2）发现损失的时间、地点。

（3）发站、到站、货物名称、承运日期。

（4）车种、车型、车号、运单号码、办理种别、保价或保险金额（金额前注明“保价”、“铁险”或“商险”字样）。

（5）损失概要。

（6）对有关单位的要求。

拍发速报时，在电文首部冠以“货物损失速报”字样，（1）至（6）项为各项代号，速报由车站主管领导审核签发。

货物损失速报的范例如图5-4所示。

主送：西安南站

抄送：国铁集团货运部、成都铁路局集团公司货运处、西安铁路局集团公司货运处

货物损失速报

（1）一级损失，火灾；

（2）2022年3月4日5点20分，简阳站；

（3）西安南、简阳站、豆粕、2021年2月27日；

（4）P_{62A}3802179，CAYZB32590801，整车，保价50万；

（5）西安南发简阳整车，3月4日5点20分到达我站，货检人员发现机后5位车号P_{62A}3802179门窗关闭良好，两侧施封良好，从左侧门处有浓烟冒出，立即通知公安及有关部门组织抢救，10点将或扑灭。经清点，该车中货物烧损200件，其余货件过水，估计损失金额20万元。

（6）请查承装情况，并速派员处理。

简阳站

2022年3月4日

图5-4 货物损失速报

四、货运记录的编制要求

为了正确及时处理损失，判明损失真相，分析原因，划清责任，必须根据不同的情况分别编制相应的记录。记录分为货运记录和普通记录。

（一）货运记录的种类

货运记录是货物在运输过程中，发生货损、货差、有货无票、有票无货或其他情况，需要证明承运人同托运人之间责任和铁路内部之间责任时，发现车站在发现次日内按批（车）所

编制的记录。货运记录作为货物发生损失时的证明，是分析货物损失原因、划清责任的证明文件，也是收货人、托运人向承运人提出赔偿的依据，具有法律效力。

货运记录（见图 5-5）分为货主页、存查页。其中货主页为一页绿色 A4 专用纸（背面印有索赔须知，见图 5-6），存查页为一页白色 A4 纸，货运记录及号码由铁路保价运输管理系统（简称保价系统）生成。

货 运 记 录

（　　　）

No.________

补充编制货运记录时记入 补充____公司____站所编第____号____记录

一、一般情况

办理种别____运单号码____于____年____月____日承运

发　站____发公司____托运人____装车单位____

到　站____到公司____收货人____卸车单位____

车种车型____车号____标　重____吨

____年____月____日 第____次列车到达

____年____月____日____时____分卸车____年____月____日____时____分卸完

封印：施封单位____/____施封号码____/____

篷布：篷布号码____保价/保险____货物价格____元

二、货损情况

项目	货物名称	件数	包装	重量(kg) 托运人	重量(kg) 承运人	托运人记载事项
票据原记载						
按照实际						
货物损失详细情况						

三、参加人签章

车站负责人____编制人____审核人____

公安人员____收货人____其他人员____

四、交付货物时收货人意见

____年____月____日货运记录（货主页）已交由____领取。

____年____月____日编制　　____公司____站（章）

图 5-5　货运记录

索 赔 须 知

尊敬的客户：

在铁路运输过程中，货物发生灭失、短少或者损坏，请您在领取货物的同时领取货运记录（货主页），并对照货运记录记载情况检查核对货物现状，确定货物损失。自领到货运记录的次日起 180 日内，您可以向到站或发站提出赔偿要求。

如果货物超过运到期限，经过 30 日（鲜活货物超过运到期限）铁路部门仍不能向您交付货物时，您可以按货物灭失向到站或发站提出赔偿要求。

下列原因造成的货物损失，铁路不承担赔偿责任：

1. 不可抗力；
2. 货物本身的自然属性或者合理损耗；
3. 托运人、收货人或押运人的过错。

您向铁路提出赔偿要求时，请准确、清楚填写《赔偿要求书》，其中提赔单位、姓名必须与货物运单记载的收货人或托运人相符。需转账的，提供的开户行、户名和账号信息必须一致。同时，还需提供以下证明材料：

1. 货运记录（货主页）原件；
2. 物品清单（发站没有填制的除外）；
3. 领货凭证（货物全批灭失时须提供）；
4. 其他必要的证明材料。

如委托他人代理时，还须提供委托书、委托人和被委托人的身份证明复印件。

办理保价运输的货物，全批货物损失时，赔偿金额最高不超过保价金额；部分损失时，赔偿金额按损失货物占全批货物的比例乘以保价金额赔偿。

未办理保价运输的货物，按照实际损失赔偿，但最高不超过规定的赔偿限额。

办理运输保险的货物，您可按照保险合同的约定，到保险公司办理赔偿。

如您需要详细了解有关货物损失赔偿方面的具体事宜，请与车站联系。

车站联系电话：____________。

图 5-6　索赔须知

（二）货运记录编制的范围

货运记录（包括商务记录）为货物发生损失时的证明。凡是货物在铁路运输过程中发生货物损失的，车站均应在发现损失次日内按批（车）编制货运记录。遇有下列情况时，也应编制货运记录：

（1）发生《货规》《管规》及其引申规则办法中所规定需要编制的情况时。

（2）自备篷布、自备集装箱运输发生损失时。

（3）一批货物中的部分货物补送或损失货物及误运送、误办理及其他情况货物需要回送时。

（4）发现无标记、无法交付货物，公安机关查获铁路运输中被盗、被诈骗的货物以及公安机关缴回的赃款移交车站，沿途拾得的铁路运输货物交给车站处理时。

（5）托运人组织装车、收货人组织卸车，货车施封良好，篷布苫盖和敞车、平车、砂石车货物装载外观无异状，收货人提出货物有损失经承运人确认时。

（6）集装箱运输的货物，箱体完整、施封良好，交付完毕次日内，收货人提出货物有损失经承运人确认时。

（三）货运记录编制的一般要求

货运记录根据货物损失报告编制，货物损失报告应由货运员或负责接取送达的物流企业相关人员根据现场勘察情况。在发现当日编制，货物损失报告应如实记载损失货物及有关方面的当时现状，填写字体要工整清晰，项目各栏填写齐全，并应由编制人本人签字，其他参加检查货物（车）的有关人员也应签字，同时注明其所属单位名称。

货物损失报告有涂改时，在涂改处应加盖编制人员的人名章。

货物损失报告由货运值班员审核签字后，连同收集的施封锁、现场影像等相关资料，一并交货物损失处理人员。货物损失处理人员接到货物损失报告后，应核实货物损失报告各栏填写是否齐全正确，相关资料是否齐全，并在保价系统中加载货物损失报告照片。必要时，要到现场核实损失货物情况。

货运记录由车站货物损失处理人员编制，编制记录要如实记载货物损失及有关方面的当时现状，不得在记录中作损失责任的结论。记录各栏应逐项填记，货运记录应记明车（箱）体、门窗、施封或篷布的情况、货物包装及装载加固状态、损失货物装载位置、损失程度等。通过保价系统打印的货运记录（货主页）加盖货物损失处理专用章和带有所属单位名称的人名章后生效。非系统打印、有涂改或手写的货运记录无效。

（四）货运记录编制的重点要求

编制货运记录应重点勘察并记明车（箱）体、门窗、施封或篷布的情况，货物包装及装载加固状态，损失货物装载位置、损失程度等，货物损失涉及重量的，应将发生损失的货物和完整货物分别检斤，中途站只对成件货物中的损失货物进行检斤，填入记录的“按照实际”栏内货物损失在二级以上或难以描述现场状况和判明责任时，须用影像设备留存货损现场关键证据、影像资料，为货物损失处理提供依据。货运记录如图 5-7 所示。

1. 火　灾

（1）货车火灾。

重点勘察并记明火灾列车车次、货车种类、到达时间、编挂位置及上一责任货检站检查情况、邻车情况、牵引机车类型。记明车辆状态（车底板、闸瓦、防火板等）车内货物装载现状、起火部位、四周货物烧损情况，货物装载（苫盖物）高度，可能造成起火的各种迹象。

棚车装运的，重点勘察并记明门窗关闭状态、施封加固及烟囱口关闭情况，并妥善保管封印。敞车装运的，重点勘察并记明篷布苫盖、绳索捆绑状态，货物装载加固、包装、衬垫材料等情况。集装箱装运的，重点勘察并记明箱体状态、箱门关闭、施封加固情况。

（2）货场火灾。

重点勘察并记明损失货物所处位置，着火点货位，原来堆放何种货物和火源、仓库、雨棚、相邻设备及周围堆放货物等情况。货物入库（区）时间和货物交接检查情况、仓库电线、灯具情况、装卸作业用的叉车、吊车等作业机具的防火情况，人员出入情况。

以上均要记明火灾发生和扑灭的时间、被烧货物的状态。

货 运 记 录

(　　　)

No.XXXXXXXXXXX

补充编制货运记录时记入补充______公司________站所编第______号________记录

一、一般情况

办理种别整车　运单号码　******　于 2021 年 12 月 27 日承运

发站 南仓站 发公司__ 托运人 天津市××食品有限公司 装车单位 南仓站

到站 蚌埠东 到公司___ 收货人江苏××粮食有限公司 卸车单位 蚌埠东

车种车型 P62 车号 3042981 标 重 60 吨

2021 年 1 月 4 日第 23759 次列车到达

2021 年 1 月 4 日 9 时 0 分卸车 2021 年 1 月 4 日 10 时 30 分卸完

封印：施封单位 南仓 / 南仓　施封号码 10997 / 10998

篷布：篷布号码________保价/保险 保价　货物价格 80000 元

二、货损情况：

项目	货物名称	件数	包装	重量（kg）		托运人记载事项
				托运人	承运人	
票据原记载	玉米粉	3000	编织袋	60 000		
按照实际	玉米粉	2764			未检	
货物损失详细情况	南仓发蚌埠东整车玉米粉，卸车前检查车门，车窗关闭良好，施封有效。开启车门见货物码放整齐，卸时清点 2764 件，与票据记载不足 236 件，车容未满，能容纳少件，车卸空无残。					

三、参加人签章：

车站负责人________编制人________审核人________

公安人员________收货人________其他人员________

四、附件：　1.普通记录______页　2.封印_____个　3.其他________

五、交付货物时收货人意见 ....

年　　月　　日货运记录（货主页）已交由　　　　领取。

年　月　日编制　　中国铁路×××局集团有限公司　　×××车站（章）

规格：210×297 mm

图 5-7　货运记录

2. 被盗丢失

（1）车内货物被盗丢失。

重点勘察并记明列车车次、到达时间、开始作业和卸车完了时间、编挂位置及上一责任货检站检查情况，车（箱）体状态、施封状态；车内货物装载现状，车（箱）内货物装载状态是否装满（能否容下少件），有无明显被盗痕迹。包装破损内货短少时，记明破损货件装载位置，破口尺寸，短少货物的具体品名、数量（无法判明短少数量时，应记明现有数量或现状），涉及重量时应检斤，并记明现有重量。

棚车、冷藏车、罐车装运的，重点勘察并记明车体、门窗关闭状态、施封加固情况。其中棚车装运的，车窗处被盗丢失时，记明货物装于车窗位置以及该车窗锁闭状态，货车两侧或一侧上部施封时，记明下部门扣是否损坏、封印的站名和号码。车门缝处货物被盗割的，记明货物现状。

敞车装运的，重点勘察并记明篷布苫盖、绳索捆绑状态、货物装载情况、表层货物现状。篷布有破口时，记明破口位置、尺寸、新旧痕迹和破口处货物的状态，对篷布绳索明显被割断或割断后再接的，也要如实记明绳索现状。

集装箱装运的，重点勘察并记明箱号、箱体和箱门状态、破损部位的尺寸、新旧痕迹和箱门密封情况，施封加固及集装箱在车内的装载位置和箱距，箱内货物装载现状及容积、现有数量或短少数量。

（2）货场内货物被盗丢失。

重点勘察并记明卸车入库（区）时间、卸车班组、货运员、库区货运员的交接情况，包装破损内货短少时，查明损失货件在库区堆码情况及周围货物出库情况。

3. 损　坏

重点勘察并记明损坏货物的损坏程度、部位、数量、包装损坏状态、破损部位、新痕旧痕、内货固定及衬垫情况、加固材料质量、加固方法，包装上标明的装卸方式；装载方法、码放位置及周围货物在货车内或集装箱内的装载位置、高度及所接触货物有无窜动或冲撞痕迹，特别是在机械类货物包装出现破损时记明底托、支架立柱、横梁等有无折断或变形，货物裸露表面是否有破裂、变形、零部件明显折断等情况，以及周围衬垫材料是否有破损、脱落、丢失等情况，要对该处货物裸露部位表面进行检查，记明包装上的储运标志，起重工具及吊卸方式是否符合规定，敞、平车装运的货物要记明篷布质量和苫盖、捆绑加固状态、加固材料质量、规格、加固方案是否符合《铁路货物装载加固规则》的规定。

对于货物湿损，重点勘察并记明湿损货物在货车或集装箱内的装载位置、湿损数量及程度，车辆、集装箱的定检修单位和时间，车体或箱体不良部位和尺寸、布质是否透光、箱门配件及密封条等情况。敞车装运苫盖篷布的，记明货物装载状况、篷量、苫盖、绳索捆绑等情况及篷布所属单位。货物在库（区）内发生湿损时，记明卸车时间、仓库是否漏雨，露天存放的货物是否苫盖篷布及篷布质量，有无衬垫。

对于货物变质，重点勘察并记明运输条件、到达时间、承运时间、卸车时间和货物运单、列车编组顺序表记载的容许运到期限、实际运到时间、易腐货物及标等有关事项。机械冷藏车、冷藏箱装运的，记明车（箱）内外温度、货物温度车（箱）门胶条密封现状、车（箱）

门加固、施封情况、货物温度、货物在车（箱）内装载方式、高度变质货件装载位置、货物包装及内部衬垫现状方式、质量及内部衬垫情况。

对于活动物死亡，重点勘察并记明检疫证明的名称和号码，车辆安插货车表示牌情况，货物运单的记事内容，货物列车的编组隔离等情况，出现货物污染的，重点勘察并记明损失货物在货车（箱）内装载位置、包装状况，周围货件装载情况及有无撒漏情况，接触本批货物的车地板、端侧墙状态，被污染货物和污染源货物的性质、名称、污染物（源）位置、面积、包装情况与被污染货物的距离，车辆内外是否贴有“铁路货车洗刷回送标签”及车辆清扫、衬垫情况，多批货物混装时，污染物和被污染货物应分别编制货运记录。

4. 集装货物

外部状态发生被盗、丢失、损坏可比照（2）（3）项内容填记，还应记明集装用具状态堆码方式。货物散落时，应检查清点并记明现有数量。无法清点数量的可检斤，并记明全批复查重量。集装货物拆盘（捆）卸车时，要对每盘（捆）件数清点。

同一集装件内重量、规格、件数不同的货物发生被盗、丢失、损坏时，要记明该集装件全批货物重量，并分别记明完好和损坏的各种规格货件的重量、件数。

5. 其　他

（1）发现有货物无运单信息，应记明货物来源。有运单信息无货物时，应记明货物运单信息记载内容。无标记货物应重点勘察并记明包装特征或具体货物名称、件数和重量。

（2）误运送应记明判别误运送的依据，货物（车）的发站及正确到站。

（3）到站卸车发现货物包装完整、件数相符、重量短少或多出，按《货规》规定在货物运单内注明，交付时收货人提出检斤或指出包装有异状，经检斤重量不足或发现内品短少，编制货运记录由到站调查处理。

上述情形以外的其他货物损失视具体情况进行勘察、编制货运记录。

五、普通记录的编制

（一）普通记录的作用

普通记录是指货物在运输过程中，发生换装、整理或在货运交接检查中需要划分责任以及按照其他规定需要编制时，在发生（发现）当日按批（车）所编制的一种现状交接凭证。它是一般证明文件，不能作为要求赔偿的依据。

带号码的普通记录（见图 5-8）每组一式两页，第一页为编制单位存查页，第二页为交给接方的证明页。

（二）普通记录编制的范围

遇有下列情况之一，须在当日按批（车）编制普通记录：

（1）发生《货规》《管规》及其引申规则办法中所规定需要编制的情况时。

（2）货物损失涉及车辆技术状态时。

（3）货车发生换装整理时。

普 通 记 录

No. ________

发站______ 发公司______ 托运人______。
到站______ 到公司______ 收货人______。
运单号码______ 车种车型______ 车号______。
货物名称______
于____年____月____日____时____分第______次列车到达

发生的事实情况或车辆技术状态	新车号 1		新车号 2		新车号 3	
	新封号 1		新封号 2		新封号 3	
	新重量 1		新重量 2		新重量 3	

厂修	
段修	
辅检	

参加人员：
车　　站：
车 辆 段：
其　　他：

单位戳记

年　　月　　日

注：1.带号码的普通记录，编制单位打印存查，接方打印留存作为证明。
2.普通记录号码由系统自动生成。

图 5-8　普通记录

（4）集装箱封印失效、丢失或封印站名、号码与票据信息不一致或未按规定使用施封锁时。

（5）卸车（换装）发现货物件数或重量较票据记载信息多出时。

（6）依据其他有关规定需要证明时。

在办理货运检查交接作业时发现问题，按规定拍发的交接电报应视为普通记录。

（三）普通记录编制的重点要求

应记明交接时货车车体、门窗、施封或篷布、绳网的现状，货物包装及装载加固状态。

（1）货车封印失效、丢失、封印站名或号码无法辨认时，应记明失效、丢失和无法辨认的具体情况。

（2）封印的站名或号码与货运票据信息或补封记录记载不符时，应记明封印实际站名或号码。

（3）施封的货车未在货运票据信息上记明施封号码时，应记明现车施封状况。

（4）车辆技术状态不良时，应记明车种、车型、车号和车辆不良的具体情况，检修单位名称及年月。

（5）发现货车两侧或一侧上部施封时，应记明下部门扣是否损坏。

（6）棚车车体及集装箱专用车、平车装运的集装箱箱体发生损坏时，应记明损坏位置、尺寸、新痕旧痕和箱号。站车交接中发现的问题按规定拍发电报，其内容除包括普通记录反映的情况外，还应记明列车的车次及到达时间，货车的车种、车号，发现问题的简要处理情况。

六、货物损失调查处理

车站发现货物损失，除按规定编制货运记录外，还应在货运记录编制当日以查复书形式，通过保价系统对货物损失的原因和责任进行调查。必要时可派人外出调查，保价系统发生软、硬件故障，车站暂无法正常使用时，应由其主管直属站段负责处理。

（一）发站编制的货运记录的

发站编制的货运记录，由发站负责处理，如确实无法联系托运人时，应在货运记录编制当日将案卷传输到站处理。

（二）中途站编制的货运记录

中途站编制的货运记录，应在货运记录编制当日将案卷传输到站处理，并向有关站调查，同时告知发站，一批货物中部分货物发生损失时，应拴挂“损失货物标签”继运到站。继运到站前对发生损失的货物应采取防护措施，避免扩大损失。

发生火灾、货物变质、活动物死亡、气体类危险货物泄漏，剧毒品、爆炸品、放射性物品被盗丢失，货物损失能在发现站处理的，发现站应积极处理；不能在发现站处理的，应在货运记录编制当日将案卷传输到站处理，由发现站负责查明原因。

（三）到站编制的货运记录

到站编制的货运记录（货主页）应及时交给收货人，收货人领取货运记录时应在存查页上签收。到站卸车时，遇有发站或中途站编制的货运记录，应按照货运记录记载的情况，认真核对现货。无论情况是否相符，均应重新编制货运记录交收货人，原记录打印留存。

到站编制的货运记录，应在货运记录编制当日将案卷传输发站及有关站调查。调查案卷传输后，件数不足的货物补送齐全。在向收货人补交时应收回原货运记录（货主页）并及时通知有关站结案。补交时发生损失的，应重新编制货运记录并调查。

整车货物变更到站，新到站检查发现货车封印或货物装载状态有异状，货物发生损失时（包括附有变更站或中途站记录的），案卷传输变更站及有关站调查。

（四）货运记录调查所需材料

调查所需材料文档应一次性使用相应设备录制电子文档，在保价系统内加载。主要包括以下内容：

（1）货物运单、站车交接电报、普通记录。

（2）货物发生被盗、丢失、货物运单未附物品清单时，车站检查的现有货物数量和包装特征的清单。

（3）分析责任所需的装载清单、封印照片、货物损失现场照片等。

（4）车辆技术状态检查记录、货物损失鉴定书（见图 5-9）及其他有关材料（可按需要后附）一辆货车内多批货物发生损失时，上述材料应分别录制并加载。

货物损失鉴定书

__________站　　　　　　　　　　　　　　　　　　　　第________号

<table>
<tr><td colspan="7">一、编制于_____年___月___日系补充__________站编第__________号货运记录
发站_________，到站___________，运单号码________________
货物名称__________发生_____________________情况的鉴定书</td></tr>
<tr><td rowspan="5">二、鉴定分析结论</td><td colspan="2">(1)货物的性质和价格</td><td colspan="4"></td></tr>
<tr><td colspan="2">(2)货物的损失程度和款额</td><td colspan="4"></td></tr>
<tr><td colspan="2">(3)损失货物能否修理或者配换及所需费用，残留价值</td><td colspan="4"></td></tr>
<tr><td colspan="2">(4)损失货物是否适用于原来的用途或作他用，对其价值有无影响</td><td colspan="4"></td></tr>
<tr><td>(5)损失原因</td><td>甲：货物损失和包装的关系
乙：货物损失和货物性质的关系
丙：其他原因</td><td colspan="4"></td></tr>
<tr><td colspan="2">三、鉴定费用</td><td colspan="5"></td></tr>
<tr><td colspan="2" rowspan="2">四、参加鉴定人员职务及签章</td><td>鉴定单位</td><td>铁　路</td><td>托运人</td><td>收货人</td><td>其　他</td></tr>
<tr><td></td><td></td><td></td><td></td><td></td></tr>
</table>

日期：____________________　　　　编制人：____________________

本鉴定书一式二份：一份交托运人或收货人，一份留鉴定站存查。

图 5-9　货物损失鉴定书

（五）车站接到调查案卷的处理

车站接到调查案卷后，应核对所附材料是否齐全、正确。接到的纸质速报和查询电报，应于当日在收件上加盖收文日期戳记，登记于“货物损失（记录、调查、赔偿）登记簿”（见图 5-10）内，并按以下规定办理：

货物损失（记录、调查、赔偿）登记簿

运单号码	记录			发站	到站	货物名称	损失种类	损失等级	办理种别	车种	车号	投保种类	投保金额	赔偿									记事
	编制日期	编制站	号码											提赔人	提赔款额	受理日期	结案日期	核赔款额	赔通号码	办赔日期	办赔单位	责任单位	
1	2	3	4	5	6	7	8	9	10	11	12	13	14	15	16	17	18	19	20	21	22	23	24

图 5-10　货物损失（记录、调查、赔偿）登记簿

（1）初次接到调查案卷，如果核对所附材料不符合“货物损失责任调查资料”要求而影响调查时，应一次提出，自接到案卷之日起 3 日内以查复书要求处理站补充材料。

（2）调查案卷如果有误到情况，自接到之日起次日内以查复书告知处理站，同时抄送正确接收站。

（3）属于自站责任的，自接到案卷之日起 3 日内以查复书答复送查站。告知发、到站，对已明确为自站责任，但还需要向有关单位索取补充材料，了解货物损失和到达交付情况的，应以查复书要求处理站补充。

（4）属于他站责任的，以查复书说明理由和根据，自收到案卷之日起 3 日内答复处理站转送责任站并抄送发、到站和有关单位。一级损失的，应抄报主管铁路局集团公司。

（5）因情况复杂，责任站不能在本条第（3）款规定期限内调查答复（包括要求暂缓赔偿的）需要延期时，应在 3 日内提出理由告知发、到站（铁路局集团公司），但此项延期自收到案卷之日起，最多不得超过 30 日。

（六）一级损失的处理

发现货物一级损失，发现铁路局集团公司应立即深入现场组织处理。涉及其他铁路局集团公司责任时，自拍发货物损失速报之日起 10 日内邀请有关铁路局集团公司参加处理。召开分析会，形成会议纪要的处理、责任铁路局集团公司通过协商意见一致时，可以不召开分析会。

有关铁路局集团公司接到货物损失速报后，应组织调查，并按处理铁路局集团公司通知的开会日期参加分析会，签署会议纪要。铁路局集团公司间对损失责任划分意见一致时，由处理铁路局集团公司将会议纪要连同有关调查材料送到达铁路局集团公司；铁路局集团公司间对损失责任划分意见有分歧时，应在会议纪要内阐明各自意见。

知识拓展

一、货物损失外部责任划分

（一）货物损失划分责任的依据

划分货物损失责任应以事实为根据、规章为准绳，在查明货物损失情况和原因的基础上，首先应按国家法律、行政法规及国铁集团的有关规定划清承运人与托运人、收货人之间的责任。

划分铁路内部各单位及物流企业责任时，货运安全检测监控设备（以下简称监控设备，包括轨道衡、超偏载检测装置、视频监控等设备）影像资料、检测数据、电子施封锁的监控数据，应作为判定货物损失责任的依据。

货物损失调查定责工作由到站（中途终止运输的为货物终止运输站）、到达铁路局集团公司负责。但发站承运后装车前、货物承运前在车站仓储或货物仅在车站仓储的，定责工作由发站或仓储办理站负责。发生货物损失后，记录编制站应初步判定是否为承运人责任，难以判定的应由到站进一步调查确定。

属于承运人责任的，铁路内部责任确定后。由定责单位填写查复书并下达“货物损失定责通知书”（以下简称“定责通知书”）送主管铁路局集团公司、责任铁路局集团公司、责任单位和发、到站及有关单位。查复书的内容应包含定责意见及定责依据。

（二）货物损失定责争议的裁定

对货物损失定责意见有争议，经一次往返查复不能取得一致时，争议单位应在收到对方查复书3日内向到站提出要求裁定的查复书，并按下列规定办理：

（1）轻微损失责任，到站应在收到要求裁定的查复书之日起，3日内裁定。

（2）三级损失责任，到站应在收到要求裁定的查复书之日起，3日内将定责意见上报主管铁路局集团公司，由到达铁路局集团公司裁定。

（3）二级损失责任，到站应在收到要求裁定的查复书之日起，3日内将定责意见上报主管铁路局集团公司。由到达铁路局集团公司与相关铁路局集团公司协商，到达铁路局集团公司裁定。

（4）一级损失责任到达铁路局集团公司应将定责意见连同会议纪要等材料上报国铁集团裁定。

一级损失责任，国铁集团的裁定为最终裁定。二级、三级损失责任，到达铁路局集团公司的裁定为最终裁定。轻微损失责任，到站的裁定为最终裁定。

（三）货物损失处理期限

对承运人责任明确的货物损失处理要坚持快速调查、快速定责。自到站编制货运记录之日起，对轻微、三级损失处理期限最长不得超过 10 日。对二级、一级损失处理期限最长不得超过30日。

（四）货物损失结案

货物损失案件应及时结案。赔偿要求人未在法定有效期间内提出赔偿要求的，法定有效期期满的次日为结案时间。赔偿要求人在法定有效期间内提出赔偿要求的，以赔偿手续办理完毕并下达“定责通知书”时间为结案时间。经调查确认，非承运人责任的，以调查确认时间为结案时间。对符合结案条件的，要在保价系统内做结案处理；自然结案的，由保价系统自动结案。

责任单位收到定责通知书后，应于10日内确定责任部门，超过30日仍不能确定责任部门的，列货运部门责任（保价系统默认）。定责单位超过规定时间不调查、不定责的，列本单位货运部门责任（保价系统默认）。

二、货物损失内部责任的划分

铁路内部各单位之间货物损失责任划分，应以《铁路货物损失处理规则》规定的原则和下列各项规定确定，并根据不同情况，依据以下规定参照有关规章划清铁路内部各单位的责任。

（一）火　灾

（1）火灾责任以公安消防部门认定的起火原因为依据，铁路局集团公司间对火灾责任意见不一致时，二级、三级、轻微损失由处理铁路局集团公司按照公安消防部门的认定定责。一级损失相关铁路局集团公司对责任认定不一致时，由发生铁路局集团公司报国铁集团裁定。

（2）因未按规定安装防火板或安装不符合规定，闸瓦火花烧坏车底板而造成的，列最近定检施修该车的车辆段所属铁路局、集团公司或车辆厂属地铁路局集团公司责任。列车未按规定隔离造成的，列车编组站责任。中途摘挂后隔离不符合规定造成的，列中途摘挂站责任。

（3）有公安机关证明系扒车人员引起的火灾，列该扒乘人员最初扒乘该次列车的扒乘站责任。不能查明扒乘车站，但能查明扒乘区间的，列该区间所属铁路局集团公司责任。“区间”跨两个以上铁路局集团公司的，列通过顺序的第一个铁路局集团公司责任，赔款共同分摊。既有扒乘原因又有使用车辆不当情况时，扒乘站负主要责任，使用车辆不当负次要责任。

（4）遇铁路局集团公司间分界站接入列车时发现火灾，在进站 30 min 之内用调度电话通知交出铁路局集团公司调度所，并取得该列车机车乘务组证明。查不清原因的，列交出铁路局集团公司责任，未在规定时间内通知并取得证明的，列接入铁路局集团公司责任。

（5）违反车辆使用限制，列发站责任（防火板原因造成火灾的除外），车辆代用的能查明火灾原因的，列责任站责任。查不清起火原因时，列发生站（区间发生的列发生铁路局集团公司）责任。赔款由发站（有铁路局集团公司代用命令的由发送铁路局集团公司）和发生站（铁路局集团公司）分摊。发站没有铁路局集团公司代用命令的，列发站责任。

（6）棚车车体完整、门窗关闭、施封良好，查不清原因时，列前一装卸站责任。货车发生补封查不清原因时，列补封站责任。如属委托补封的或以上一责任货运检查站责任补封的，列委托单位或上一责任货运检查站责任。装车站未施封，查不清原因时，列装车站责任，赔款由装车站和发生站（区间发生的为发生铁路局集团公司）分摊。集装箱箱体完整，施封良好，查不清原因时，列装箱站责任。

（二）被盗丢失

到站卸车货物短少 2 t 以上时，应通过监控设备的检测数据来判明发生地点。

（1）能通过监控设备判明发生站的，列发生站责任。

（2）能通过监控设备判明发生区间的，列该区间所属铁路局集团公司责任。

（3）无法通过监控设备判明的，列装车站责任，赔款由装车站和沿途各铁路局集团（不含装车铁路局集团公司）分摊。

（4）到站卸车货物短少不足 2 t 时的责任划分

到站卸车货物短少不足 2 t 时，按以下规定划责。如按下列规定仍无法判断责任时，列装车站责任。赔款由装车站和沿途各铁路局集团公司（不含装车铁路局集团公司）分摊。

1. 棚车（含毒品车）、冷藏车装运的货物

（1）门窗关闭施封有效，按以下规定列责：

① 货物装载状态无异状时列装车站责任。

② 未使用规定的施封锁或未在车门下部施封，有记录或站车交接电报证明的，列封印站责任，赔款由封印站和上一责任货运检查站分摊。

③ 无记录或站车交接电报证明的，列封印站责任，赔款由封印站和到站分摊。

（2）封印失效、丢失、断开，不破坏封印即能开启车门，均按站车交接规定列责。

（3）货车在途中发生补封，按规定拍发电报的，列上一责任货运检查站责任。未按规定拍发电报，列补封站责任，拍发电报，漏抄送发、到站的，列上一责任货运检查站责任。赔款由责任单位和补封单位分摊。连续补封，列第一责任站责任，赔款共同分摊。自站责任补封的，列补封站责任，如属委托补封的，列委托单位责任。

（4）卸车站发现货车封印的站名相符但号码与货运票据信息不符时，按规定拍发站车交接电报。列装车站责任，不按规定拍发站车交接电报，列装车站责任，赔款由装车站和卸车站分摊。

（5）施封的货车，已有途中站车交接电报或普通记录，现状与途中交接电报或普通记录记载内容不相符，未拍发站车交接电报的，列卸车站责任。

（6）车窗开启或使用不完整车辆（包括车底板、车体端侧墙有破洞车窗、烟囱口不完整）以及不施封造成的列装车站责任。

2. 敞车装运的货物

（1）车体完整、篷布苫盖良好、装载无异状，列装车站责任。

（2）使用不完整车辆（包括车底板、车体端侧墙有破洞）以及车门缝隙过大造成的列装车站责任。

（3）铁路货车篷布丢失造成货物损失，按站车交接规定列责。

（4）托运人自备篷布丢失及造成货物损失的，列发站责任，赔款由发站和沿途各铁路局集团公司（不含发送铁路局集团公司）分摊。

3. 集装箱装运的货物

（1）卸车发现集装箱封印失效、丢失，站名无法辨认以及封印站名、号码不符或箱体破损（不包括顶部被破坏）列装车站责任。施封有效相符，号码不符列发站责任。

（2）使用集装箱专用平车或共用平车装运的集装箱箱体损坏，按站车交接列责。有交方普通记录证明的，列交方责任。没有交方普通记录证明的，列接方责任。多次损坏、多次证明的，列第一责任站责任，赔款共同分摊。

（3）集装箱装载不符合规定，造成封印失效、丢失，列装车站责任。

（4）到站发现罐车破封，查不明原因的，列装车站责任。赔款由装车站和沿途各铁路局集团公司（不含装车铁路局集团公司）分摊。

（5）路用罐车技术状态不良造成货物泄漏时，列最近定检、施修该车的车辆段所属铁路局集团公司或车辆厂属地铁路局集团公司责任。

（6）因调车冲撞造成罐车货物泄漏时，列调车作业站责任。查不清调车冲撞站的，列发生站（铁路局集团公司）责任。

（7）集装货物卸车发现整体灭失以及散落其中小件丢失，列装车站责任。但因包装和捆绑不良造成的，列装车站责任。赔款由装车站和发站分摊。

（8）有公安机关证明，系扒乘人员造成货物被盗、丢失，能查明扒乘人员最初扒乘列车的扒乘站的，列扒乘站责任。不能查明的，但能查明扒乘区间的，列该区间所属铁路局集团公司责任。

（9）货物发生被盗、丢失，定责前公安机关破案，则按破案结论定责。

（10）不属《管规》站车交接检查内容，但通过监控设备或其他方式检查发现敞车篷布（包括敞顶集装箱篷布）顶部被割，棚车、集装箱、罐车顶部异状等问题的，按下列规定划责：

① 途中有监控设备的货运检查站、无监控设备的途中站或到站货运检查时发现的，按规定处理并拍发电报的，按下列规定划责；如上一货运检查站有监控设备，列上一有监控设备的货运检查站责任，赔款由责任货运检查站和装车站分摊；如前方途经站无监控设备，列装车站责任，赔款由装车站、发现铁路局集团公司及前方沿途各铁路局集团公司（不含装车铁路局集团公司）分摊。

② 检查发现但未处理的，列发现站责任，赔款由发现站、装车站和上一有监控设备的货运检查站分摊。

③ 中途站换装整理时发现的，按下列规定划责：如上一货运检查站有监控设备，列上一有监控设备的货运检查站责任，赔款由责任货运检查站和装车站分摊；如前方途经站无监控设备，列装车站责任，赔款由装车站、发现铁路局集团公司及前方沿途各铁路局集团公司（不含装车铁路局集团公司）分摊。

④ 中途站换装整理后发生的，列换装整理站责任，赔款按（10）①②规定分摊。

（三）损　坏

1. 货物损坏涉及货物包装

货物损坏涉及货物包装时，按下列规定划责：

（1）因货物无包装或包装有缺陷发生的损坏，列发站责任。

（2）包装有问题，同时又有装卸作业不当时，货物发生损坏，列发站责任，赔款由发站和装卸作业不当车站分摊。

（3）包装没有问题，装卸作业不当造成的损坏，列装卸作业不当车站责任。

（4）货物发生损坏，经到站鉴定不属于包装质量和货物性质原因时，列装车站责任。

2. 整车、货物快运装运易碎货物

整车、货物快运装运易碎货物（包括以缸、坛、陶瓷、玻璃为容器的货物）发生损坏，除能查明责任者外，列发站责任。有明显冲撞痕迹，查不清责任者时，列到站责任，赔款由到站和沿途各铁路局集团公司（不含到达铁路局集团公司）分摊。

集装箱装运的易碎货物发生损坏，又查不明铁路内各单位间责任时，列到站责任，赔款由到站和沿途各铁路局集团公司（不含到达铁路局集团公司）分摊。

3. 货物湿损、污染

货物湿损、污染，按下列规定划责：

（1）棚车、冷藏车装运的货物。

① 因漏雨造成的湿损，货运检查能够发现的，列装车站责任。

② 因漏雨造成的湿损，货运检查不能发现的，列最近定检施修该车的车辆段所属铁路局集团公司或车辆厂属地铁路局集团公司责任。

③ 因车门、窗等原因造成的，列装车站责任，赔款由装车站和沿途各铁路局集团公司（不含装车铁路局集团公司）分摊。

（2）敞车装运的货物。

① 敞车装运的货物，篷布苫盖良好、装载无异状，货物湿损列装车站责任。

② 因铁路货车篷布丢失造成货物湿损，按站车交接规定列责。

③ 托运人自备篷布丢失、损坏及造成货物湿损，列发站责任，赔款由发站和沿途各铁路局集团公司（不含发送铁路局集团公司）分摊。

④ 篷布顶部（包括敞顶集装箱篷布）被割造成货物湿损，比照集装箱装运的货物（10）条处理。

⑤ 因篷布（包括敞顶集装箱篷布）质量不良造成货物湿损，列装车站责任。

（3）集装箱（包括冷藏箱）箱体状态不良，货物发生湿损，列发站责任。

（4）货物装载加固违反规定，或使用不符合要求的捆绑加固材料和装置，造成货物损坏。列装车站责任。

（5）货车（集装箱）清扫不彻底，使用有“铁路货车洗刷回送标签”的车辆造成的货物污染，列装车（箱）站责任。

（6）使用未洗刷除污的车辆造成的货物污染，上一卸车站未回送洗刷除污时，列上一卸车站责任，回送洗刷除污的车辆被排走而漏洗刷除污时，列误排站责任，洗刷除污不彻底，列洗刷除污站责任。

（7）对污染源和被污染货物处理不当，造成损失扩大时由处理站承担损失扩大部分赔款。

（8）货物染毒涉及车辆原装货物，又未保留原车和货物时，经鉴定能查明原因的，列责任站责任，查不清原因的，列未保留站责任。

（9）违反《铁路危险货物配放表》《铁路车辆编组隔离表》的限制以及车辆使用规定造成污染的，列违反站责任。

（10）违反车辆使用限制或货物质量、温度、包装、装载方法不符合《铁路鲜活货物运输规则》要求，造成货物变质的，列装车站责任。

拓展任务

分析上述情境中，货物损失的内部责任划分问题。

任务三　货物损失赔偿

情境任务

情境一： 2021 年 12 月 27 日，天津市兴旺食品有限公司在南仓站按整车托运玉米粉一批，编织袋包装，3 000 件，保价 80 000 元，到站蚌埠东站，使用 P623042981 一车装运，施封号码 10997/10998，收货人江苏诚亿粮食有限公司。该车于 1 月 4 日到达蚌埠东站，于当日 9:00 开始卸车，10:30 卸车完了，卸车后清点货物实卸 2 764 件，较票据记载不足 236 件，车门处可容纳不足件。

情境二： 西安南站发简阳站货物列车，2022 年 3 月 4 日 5:20 到达简阳站 5 道，6:30 货检人员发现机后 5 位车号 P_{62A}3802179 门窗关闭良好，两侧施封良好，从左侧门处有浓烟冒出，立即组织有关人员组织抢救，10 点将火扑灭。经清点，该车中货物烧损 200 件，其余货件过水，估计损失金额 20 万元，经核实，该车货物为西安南站发简阳站的豆粕，承运日期为 2022 年 2 月 27 日，保价金额 50 万。

要求： 计算上述情境货物的保价费，描述货物损失的赔偿程序，同时计算赔偿金额。

案例： 货运安全员小张是货运中心的“热心人”。车站按照国铁集团的要求开通了网上理赔新系统，这种新的理赔方式虽然可以为货主节省时间和精力，但考虑到货主刚接触新系统操作设备还不熟练，小张立即奔走于现场，亲自为货主安装软件，了解掌握货主对新系统的操作熟练程度，为货主宣传新系统的便捷和高效，还手把手为货主讲解流程，让货主亲自体验，比较新老理赔程序的差异。受益货主对小张认真负责的精神连连称赞。

小张在受理赔偿案件时真正做到了“三勤一细”：下现场腿勤，问案件缘由嘴勤，做理赔调查手勤，推敲货运记录心细。为了能让货主尽快得到赔付，小张经常加班加点为货主整理赔付的相关手续。经他处理过的事故案件，结案率达到了 100%，货主满意率 100%，货主投诉数量 0 件。

想一想： 以货物损失处理人员的身份谈谈在处理货物损失赔偿的过程中，应该具备得什么样的工作态度以及专业技能?

学习目标

（1）学会计算货物保价金额。

（2）学会计算保价货物的赔偿以及非保价货物的赔偿。

（3）培养“安全第一、预防为主”的责任意识。

（4）培养按章办事、严肃认真、一丝不苟的职业素养。

任务计划

序号	工作内容	负责人
1		
2		
3		

引导问题

1. 根据情境一中保价 80 000 元，货物品名玉米粉等信息，计算货物的保价金额是多少？货物保价金额是如何计算的？

2. 根据情境二中保价金额 50 万，货物品名豆粕等信息，计算货物的保价金额是多少？

3. 收货人发生如情境一的货物损失，现向铁路提出赔偿要求，请问需提供哪些证明材料？

4. 情境二中，货物损失金额 20 万元，请问一级损失车站如何办理？

5. 根据情境一，描述货物损失的赔偿程序，同时计算赔偿金额。如果情境一中玉米粉属于非保价货物，货物损失应如何赔偿？

知识链接

一、货物损失赔偿

车站对收货人或托运人的赔偿要求，按《铁路货物损失处理规则》的相关规定受理。但在运输途中发生的火灾、货物变质、活动物死亡等情况就地处理时，经与托运人、收货人协商同意，可由发现站受理，并通知发、到站。

对承运人责任明确的货物损失，收货人或托运人向到站或发站提出赔偿要求时，到站或发站均应受理。涉及物流总包业务的，由签约单位按合同约定指定车站受理。委托他人办理时，应由收货人或托运人出具委托书及委托人和被委托人的身份证明复印件和联系方式。

受理赔偿要求时，应审核赔偿要求人的权利、有效期限、“赔偿要求书”内容，以及规定的证明文件（货运记录货主页原件、有效身份证明以及与货物损失有关的其他材料）。审核无误后，在“赔偿要求书收据”（见图 5-11）上加盖货物损失处理专用章，交给赔偿要求人。

通过铁路货运电子商务系统网上受理客户提出的赔偿要求时，受理站审核客户上传的电子赔偿材料后，需将受理情况以“客户通知书”（见图 5-12）通过铁路货运电子商务系统告知客户。

赔偿金额按照《铁路法》《货规》和铁路货物保价运输的有关规定计算。赔偿额尾数不足 1 元时，进整处理至元。

对非承运人责任的保价货物损失，收货人或托运人向到站或发站提出补偿要求时，比照赔偿程序受理。

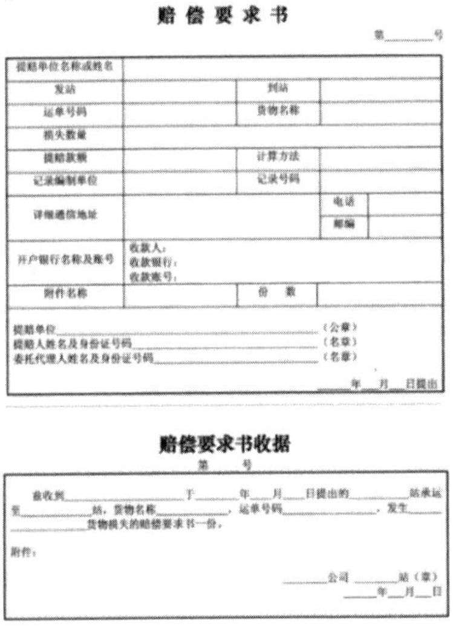

赔偿要求书

第______号

提赔单位名称或姓名				
发站		到站		
运单号码		货物名称		
损失数量				
提赔款额		计算方法		
记录编制单位		记录号码		
详细通信地址			电话	
			邮编	
开户银行名称及账号	收款人： 收款银行： 收款账号：			
附件名称		份　数		

提赔单位______（公章）
提赔人姓名及身份证号码______（名章）
委托代理人姓名及身份证号码______（名章）
______年__月__日提出

赔偿要求书收据

第　号

兹收到______于______年__月__日提出的______站承运至______站，货物名称______，运单号码______，发生______货物损失的赔偿要求书一份。

附件：

______公司______站（章）
______年__月__日

图 5-11　赔偿要求书收据

客户通知书

通知书类型______　　第______号

______公司______站　　______年__月__日

图 5-12　客户通知书

（一）轻微损失的赔偿

轻微损失的赔偿由受理站审核办理赔偿要求人要求以现金支付赔款的，由车站按财务规定当日完成现金赔付。赔偿要求人要求通过银行转账的，由受理站在下达“货物损失赔（补）偿通知书”（以下简称“赔通”，见图 5-13）当日将赔偿材料报主管直属站段。由直属站段转账，轻微损失赔款备用金由车站主管直属站段财务部门按照备用金管理制度办理和监督。

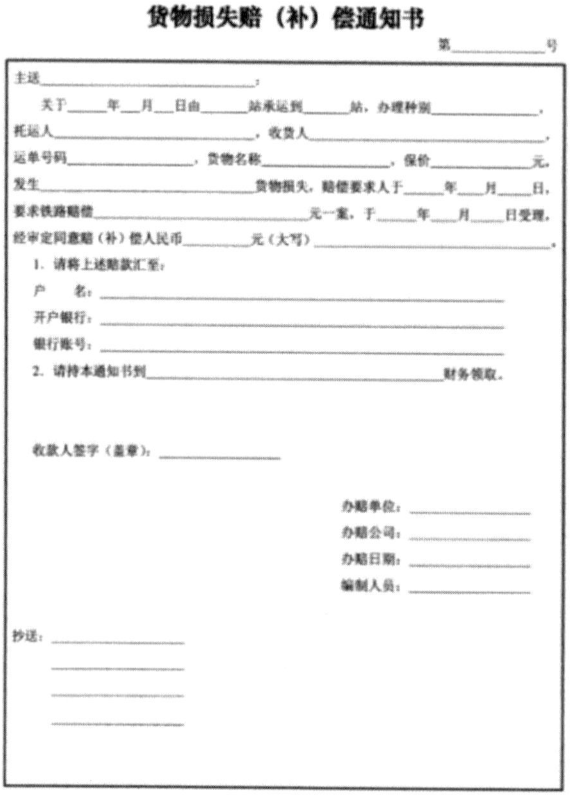

货物损失赔（补）偿通知书

第______号

主送________________：

关于____年___月___日由_____站承运到_____站，办理种别________，

托运人______________，收货人______________，

运单号码________，货物名称________，保价________元，

发生____________货物损失，赔偿要求人于____年___月___日，

要求铁路赔偿____________元一案，于____年___月___日受理，

经审定同意赔（补）偿人民币______元（大写）______________。

1. 请将上述赔款汇至：

户　　名：________________

开户银行：________________

银行账号：________________

2. 请持本通知书到________________财务领取。

收款人签字（盖章）：__________

办赔单位：__________

办赔公司：__________

办赔日期：__________

编制人员：__________

抄送：__________

图 5-13　货物损失赔（补）偿通知书

（二）三级损失的赔偿

三级损失的赔偿由受理站在受理当日，以查复书写明调查过程、损失款额、赔偿金额等上报主管直属站段，抄送发、到站及相关站，由主管直属站段审核办理。

（三）一级、二级损失的赔偿

二级、一级损失的赔偿及保价货物损失补偿，由受理站在受理当日，以查复书写明调查过程、损失款额、赔（补）偿金额等上报主管铁路局集团公司抄送发、到站及相关站。由主管铁路局集团公司审核办理涉及物流总包业务的（包括客户以铁路方保证金冲抵违约金或向保函开立银行索赔违约金的），由签约单位按合同约定指定车站办理赔偿。不属车站办理权限的，由车站在受理当日，以查复书写明调查过程、损失款额、赔（补）偿金额等上报主管、直属站段或铁路局集团公司，抄送发、到站及相关站，由主管直属站段或铁路局集团公司按合同约定审核办理。

办理赔（补）偿单位应填发“赔通”并加盖货物损失处理专用章。“赔通”分为正本、副本。正本为领、付款凭证，副本为赔款通知。通过铁路货运电子商务系统网上办理赔偿的，应将“赔通”加载至铁路货运电子商务系统上告知客户。

（四）办理赔偿的期限

自受理赔偿要求的次日起至填发“赔通”之日止为2个工作日。特殊情况下办理赔偿的最长期限：直属站段不超过5个工作日，铁路局集团公司不超过10个工作日。“赔通”下达后，经办人员应于2个工作日内与财务人员办理交接手续并签认，财务部门接到“赔通”后，应在5个工作日内支付赔款。

货物损失赔款由赔偿单位按照《中国铁路总公司运输成本费用管理核算规程》的规定核算。涉及物流总包业务的（包括客户以铁路方保证金冲抵违约金或向保函开立银行索赔违约金的），由签约单位按规定支付或冲减违约金。

二、货物保价运输

《铁路法》规定，托运人根据自愿原则，可以办理保价运输，也可以办理货物运输保险，还可以既不办理保价运输，也不办理货物运输保险。按哪种方式运输，由托运人确定，不得以任何方式强迫托运人办理保价运输或者货物运输保险。

铁路保价运输是铁路运输实行限额赔偿后，为保证托运人、收货人合法利益，供托运人选择的一种赔偿制度。托运人做出这种选择后，即成为铁路运输合同的组成部分，铁路将承担相应的责任。铁路对承运的货物自承运时起到交付时止发生的灭失、短少、变质、污染、损坏承担赔偿责任。

（一）保价金额

如果托运人要求按保价运输时，应在货物运单托运人记载事项栏内注明“保价运输”字样，并在“货物价格”栏内以元为单位填写货物的实际价格，全批货物的实际价格即为货物的保价金额。货物的实际价格是指货物在起运地的价格与税款、包装费和已发生的运输费用。

（二）保价费的计算

保价运输时应按货物保价金额的一定比例交纳保价费。货物保价费按保价金额乘以适用的货物保价费率计算得到。按保价运输办理的货物，应全批保价，不得只保其中一部分。保价费率不同的货物按一批托运时，应分项填记品名及保价金额，保价费分别计算。保价费率不同的货物合并填记时，适用于其中最高的保价费率。保价费率分为五个基本级和两个特定级，其费率分别为1‰、2‰、3‰、4‰、6‰、10‰和15‰。

自轮运转（包括企业自备或租用铁路）的铁道机车、车辆和轨道机械暂不办理保价运输。

保价费率表查询

（三）货物保险运输

铁路货物运输保险是我国保险事业的一个重要组成部分，是托运人以铁路装运的货物作为保险标的的保险。遇有保险责任范围内的损失时，由保险公司负责按规定给予赔偿，以补偿被保险货物在运输过程中因自然灾害和意外事故所造成的经济损失。

投保货物运输险的货物在运输中发生损失，对不属于铁路运输企业免责范围的，未按保价运输承运的，按照实际损失赔偿，但最高不超过国务院铁路主管部门规定的赔偿限额；如果损失是铁路运输企业的故意或者重大过失造成的，不适用赔偿限额的规定，按照实际损失赔偿，由铁路运输企业承担赔偿责任。属保险责任范围的损失，由保险公司按照实际损失，在保险金额内给予补偿。

保险公司按照保险合同的约定向托运人或收货人先行赔付后，对于铁路运输企业应按货物实际损失承担赔偿责任的，保险公司按照支付的保险金额向铁路运输企业追偿，因不足额保险产生的实际损失与保险金的差额部分，由铁路运输企业赔偿；对于铁路运输企业应按限额承担赔偿责任的，在足额保险的情况下，保险公司向铁路运输企业的追偿额为铁路运输企业的赔偿限额，在不足额保险的情况下，保险公司向铁路运输企业的追偿额在铁路运输企业的赔偿限额内按照投保金额与货物实际价值的比例计算，因不足额保险产生的铁路运输企业的赔偿限额与保险公司在限额内追偿额的差额部分，由铁路运输企业赔偿。

既保险又保价的货物在运输中发生损失，对不属于铁路运输企业免责范围的，按照实际损失赔偿，但最高不能超过保价额，由铁路运输企业承担赔偿责任。对于保险公司先行赔付的，比照对保险货物损失的赔偿处理。

货物运输保险由保险公司办理或委托铁路代办。承运人对投保货物运输险的货物，应在货物运单、货票“托运人记载事项”栏内加盖“已投保运输险，保险凭证×××号”戳记。

托运人托运货物，应在货物运单“货物价格”栏内，准确填写该批货物总价格，根据总价格确定保险总金额，投保货物运输险。

三、货物损失的赔偿金额

铁路局可利用货运营业窗口、95306 网站及客服电话、上门服务等渠道，全面开展保价运输业务受理。

受理货物保价运输时，应审查运输单据中有关保价运输内容的填写情况，正确核收保价费。

车站受理一批保价金额在 50 万元及以上的整车（含批量零散快运，下同）、集装箱货物，一批保价金额在 20 万元及以上零担（含零散快运，下同）货物，或其他需要重点看护的保价货物，应建立“重点保价行包、货物（△B）运输台账”。车站应在货物运单、货物快运货票、货运票据封套和货车装载清单上加盖“△B”戳记（或用红色书写），并在列车编组顺序表（运统 1）“记事”栏内注明“△B”字样。

保价货物在铁路运输过程中发生承运人责任的损失时，铁路运输企业应对货物损失进行赔偿。

保价货物在铁路运输过程中发生损失时，车站应编制证明货物损失的记录交给客户，同时，告知客户索赔流程、时限及需要准备的证明文件。

对承运人责任明确的保价货物损失，收货人或托运人向到站或发站提出赔偿要求时，车站均应受理。货物损失赔偿程序及权限、期限等，分别按货物损失处理的有关规定执行。

货物损失赔偿通知书（以下简称“赔通”）下达后应及时送财务部门。财务部门接到“赔通”后，应在 5 个工作日内支付赔款。

（一）保价运输货损失的赔偿价格

保价运输的货物全批损失时，按保价金额足额赔偿，只损失一部分时，按损失货物与全批货物的比例乘以保价金额赔偿，最多不能超过该批货物的保价金额。

（二）不保价运输的货物

非承运人故意责任或重大过失造成的货物损失实行限额赔偿。

不按件数只按重量承运的货物，每吨最高限额赔偿 100 元；按件数和重量承运的货物，每吨最高限额赔偿 2 000 元，实际损失低于上述赔偿限额的，按货物实际损失的价格赔偿。

（三）按照实际损失赔偿

货物的损失由于承运人的故意行为或重大过失造成的，不适用于赔偿限额的规定，按照实际损失赔偿。

（四）投保运输险的货物

铁路货物运输保险是我国保险事业的一个重要组成部分，是托运人以铁路装运的货物作为保险标的的保险。投保运输险的货物，遇有保险责任范围内的损失时，由保险公司负责按规定给予赔偿，以补偿被保险货物在运输过程中因自然灾害和意外事故所造成的经济损失。

知识拓展

无法交付和无标记货物的处理

1. 无法交付货物

下列货物为无法交付货物：

（1）从承运人发出领货通知次日起（不能实行领货通知的，从卸车完了的次日起）。经过查找，满 30 日（搬家货物满 60 日）仍无人领取的货物。

（2）收货人拒领，托运人又未按规定期限提出处理意见的货物。

（3）赔偿后又找回但收货人拒领的货物。

2. 无标记货物

下列货物为无标记货物：

（1）清仓（库、区）、清扫车底检查发现的无标记货物。

（2）在铁路沿线拣拾以及公安部门交给车站的无标记货物。

（3）车站内散落的零件、货底以及其他无票据信息、无标记的货物。

3. 两无货物的处理

车站发现无法交付货物和无标记货物（以下简称“两无货物”）后，应于当日编制货运记录，核对现货、登记立卷，妥善保管。经核查凡能判明发、到站或托运人、收货人的或其他单位认领的无标记货物，应拴挂“损失货物标签”。凭货运记录向正当发、到站回送。对不能判明发、到站或托运人、收货人的无标记货物，应在车站货运负责人、货物损失处理人员等不少于 3 人的情况下打开包装检查，寻找能正确交付的线索。编制物品清单，注明货物名称、包装特征、重量、发现日期和卸下车次等有关事项。在保价系统内详细记载货物的件数、具体货物名称、包装及特征，内装物品数量、规格、尺寸、颜色、生产厂家及每件重量，同时应加载货物照片，以便各单位查找、核对和认领，尽可能将货物交予收货人或托运人，减少损失。

车站自编制货运记录之日起经查找 30 日仍无线索，填写“无标记（无法交付）货物处理书”（见图 5-14）上报主管铁路局集团公司。车站不得将无标记货物交给个人取送或带送，不得自行用无标记货物顶替抵补自站责任的丢失货物。

______________公司

无标记（无法交付）货物处理书

下列货物根据__________公司____年____月____日第______________号通知处理

货运记录号码	货物名称	件数	重量	单价	实际处理价格	记事

于____年__月__日有价（无价）移交有关部门，费用以第____________号发票核收。

处理站（印鉴）　　经办人（印）　　收购单位（印鉴）

图 5-14　无标记（无法交付）货物处理书

发、到站收到他站回送的“两无货物”后，应核对现货、登记立卷。对照本站自编和他站的调查货运记录，能判明收货人或托运人的，应联系收货人或托运人处理，不能判明的，应填制“无标记（无法交付）货物处理书”上报主管铁路局集团公司。标记货物交付收货人或托运人时，如原批编有货运记录的，应在交付时收回货运记录结案。

各直属站段应成立“两无货物”管理小组，指定专人负责管理，建立健全工作制度和岗位职责，做好“两无货物”的管理工作。车站应为“两无货物”的存放提供条件，实行分区管理，隔离设置，编号单独存放，严格按照仓库安全管理要求，做好仓库设防工作，保证货物包装完整，做到账物相符。

按照规定期限妥善保管“两无货物”，不得提前处理、不得隐瞒不报或私自处理，不得顶件运输、顶件交付“两无货物”。在保管期间发生损失时，参照《铁路货物损失处理规则》有关规定办理。车站应及时上报无标记货物，认真核对和查询答复，给外站调查人员提供工作方便，车站将“无标记（无法交付）货物处理书”上报铁路局集团公司后，又查找到货物的到站及收货人时，立即先用电话声明注销该项报告，然后按规定手续向到站回送。

铁路局集团公司收到车站上报的“无标记（无法交付）货物处理书”后，应及时指定车站变卖，并在保价系统内登记备查，但军用品、药品、危险品、国家禁止及限制运输的物品、机要文件和各种证件不得变卖，应移交公安机关或有关部门处理。

变卖款扣除有关费用后，由变卖车站按规定上缴。

拓展任务

如何处理无法交付货物和无标记货物?

复习思考题

（1）什么是货物损失?
（2）货物损失包括哪些种类?
（3）货物损失包括哪些等级?
（4）简述货物损失速报的内容。
（5）什么情况下编制货运记录?
（6）什么情况下编制普通记录?
（7）货物的保价金额如何计算?
（8）保价货物损失的赔偿金额如何计算?
（9）非保价货物损失的赔偿金额如何计算?
（10）请描述货物损失的处理流程。

项目六 货场管理

情境描述

情境一：四川某化工公司委托该公司一名发运专员王某到城厢站发运一批聚酯切片，共计重量 65 t，单件重量含包装为 50 kg。收货人浙江某化工公司，经办人李某，该批货物准备发往海宁站，保价 12 万元。

情境二：湖南省某粮食公司在长沙东站湖南某物流公司专用线发送粮食种子一批，至四川达州市某粮油公司专用线，收货人达州市某粮油有限公司，重量 55 t，单件重量含包装每件 50 kg，共计 1 100 件，保价 10 万元。

任务一 货场分类与配置

情境任务

四川某化工公司委托该公司一名发运专员王某到城厢站发运一批聚酯切片，共计重量 65 t，单件重量含包装 50 kg。王某目前已在 95306 网站上提报运输需求。王某来到城厢站，办理货物的进货作业。

要求：根据上述情境描述城厢站的货场分类与配置。

想一想：作为货运员的你，如何对第一次来到货场办理货运业务的客户们介绍铁路货场？

学习目标

（1）认识货场。

（2）掌握货场的分类。

（3）掌握货场的配置形式。

（4）培养学生热爱货运工作的职业素养，全心全意地为货主服务，对货物负责，对货主、对社会高度负责的职业道德。

任务计划

序号	工作内容	负责人
1		
2		
3		

引导问题

1. 按办理货物品类不同，货场分为哪几种?

2. 按年办理货运量不同，货场分为哪几种?

3. 货场配置分为哪几种?

4. 请判断出下列货场配置类型属于哪一类? 并指出下图中各图例表示的含义。

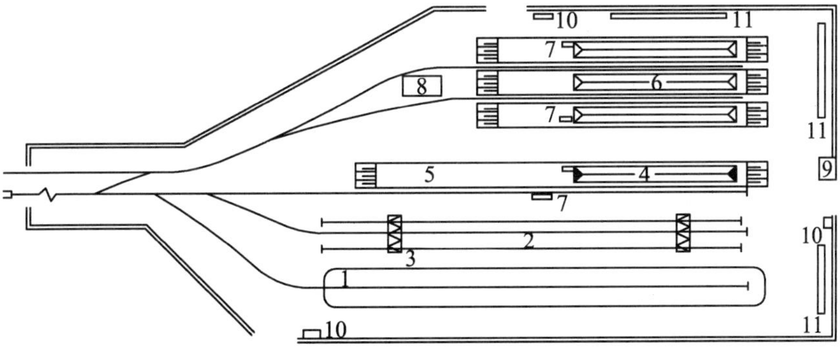

（1）________ （2）________ （3）________

（4）________ （5）________ （6）________

（7）________ （8）________ （9）________

（10）________ （11）________

5. 请说出尽端式货场有哪些优缺点。

6. 请说出通过式货场有哪些优缺点。

7. 请说出混合式货场有哪些优缺点。

知识链接

货场是铁路车站办理货物承运、保管、装卸和交付作业的场所，是铁路货运产品的营销窗口。货场是办理货运作业的基本场所，为满足货物运输的需求，安全、方便、快捷地运送货物，充分发挥货场作业能力，必须加强对货场的管理，以保证铁路运输生产经营任务的完成。

一、货场管理的主要内容

从生产管理的角度来说，货场管理主要包括以下几个方面的内容。

（一）货场计划管理

货场计划管理主要包括车站货流、货源的调查与组织，月旬货物运输计划的执行，以及到货调查和卸车工作组织等。

（二）货场作业管理

货场作业管理主要包括进货装车作业、卸车出货作业、出车作业和取送车作业等。

（三）货场设备管理

货场设备管理主要包括货场、货区、货位的使用，以及装卸设备和其他货运设备的运用管理等。

（四）货场安全管理

货场安全管理主要包括职工的安全教育和安全技术教育，以及各项安全管理制度的制定，货物损失的预防和处理等。

（五）货场作业信息管理

货场作业信息管理主要包括对货场作业信息系统的各项业务管理工作。

二、货场分类

（一）货场分类

1. 按办理货物品类分

（1）综合性货场，是指办理整车、零担、集装箱两种以上运输种类及多种品类货物作业的货场。

（2）专业性货场，是指专门办理单项运输种类或单一货物品类的货场。有整车货场、零担货场、危险品货场、粗杂品货场、集装箱场等。

2. 按年办理货运量分

综合性货场根据年办理货运量不同分为大、中、小型货场。

大型货场年货运量 100 万吨以上；中型货场年货运量 30 万吨以上未满 100 万吨；小型货场年货运量不满 30 万吨。

专业性货场的设置应根据货物性质及业务繁简、设备条件等实际情况确定。

货运量大、发到货物品类多的车站，为避免作业过于集中和便于管理，可分设几个货场。

当在同一车站设有几个货场时，各货场间可按货物运输种类或办理货物的品类、方向进行合理分工。

三、货场配置

货场配置类型基本上可分为尽端式、通过式和混合式三种。

（一）尽端式货场

尽端式货场是由一组以上尽头式装卸线组成的货场。其装卸线一端连接车站的站线，另一端是设置车挡的终端，如图 6-1 所示。

尽端式货场的优点：布局紧凑，货场线路和通道都较短，车辆取送和货物搬运距离相对较短。线路呈扇形分布，线路与通道交叉少，因而进出货的搬运车辆和取送车作业干扰少，有利于作业安全。运量增加时，货场扩建比较方便。

其缺点：车辆取送作业只能在货场一端进行，使作业车辆的取送受到较大限制。取送车作业与装卸作业有干扰。

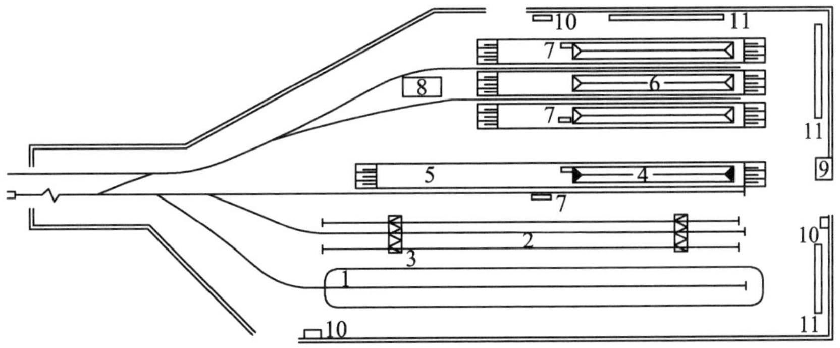

1—货物线；2—笨重货物及集装箱场地；3—门吊；4—仓库；5—普通货物站台；6—雨棚；7—货运员办公室；8—货运办公室；9—货运营业室；10—门卫室；11—货场其他办公用房。

图 6-1　尽头式货场布置图

（二）通过式货场

通过式货场是由一组以上贯通两端的装卸线组成的货场，其装卸线两端均连接车站站线，如图 6-2 所示。

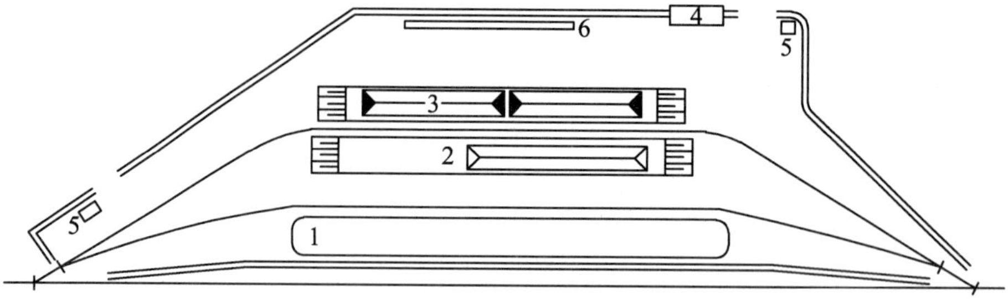

1—堆放场；2—雨棚；3—仓库；4—货运办公室；5—门卫室；6—其他办公用房。

图 6-2　通过式货场布置

通过式货场的优点是：货场两端均可进行取送车作业，这对无配置调车机的中间站，利用本务机车取送时，上、下行方向均可作业，十分方便；取送车与装卸作业干扰少；利于办理成组、整列的装卸作业。

缺点：货场线路较长，建设投资相对较大；取送零星车辆时走行距离较长；货场通道和装卸线交叉较多，取送车与搬运作业易产生干扰。

（三）混合式货场

混合式货场是根据办理货物的种类、作业方法，将装卸线一部分修成尽头式，一部分修成通过式。所以混合式货场具有尽端式货场与通过式货场的优、缺点，混合式货场如图 6-3 所示。

对混合式货场的布局和使用，应根据货物品类和运量大小来确定。一般地，对较小运量的货物，在尽头式装卸线作业；对较大运量的货物，在通过式装卸线作业。

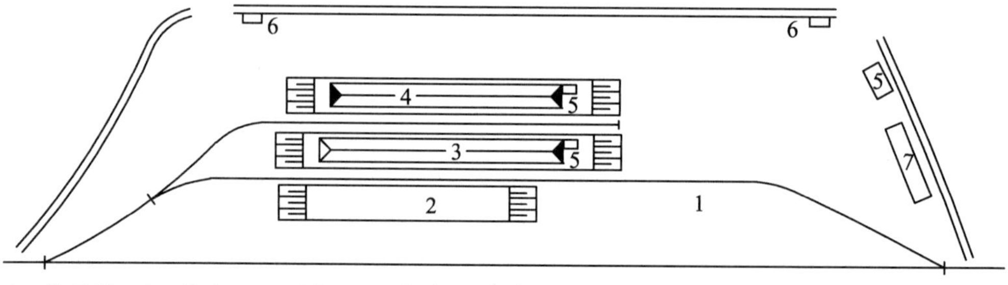

1—堆放场；2—站台；3—雨棚；4—仓库；5—货运办公室；6—门卫室；7—其他办公用房。

图 6-3　混合式货场布置

任务二　货场设备与作业管理

情境任务

四川某化工公司委托该公司一名发运专员王某到城厢站发运一批聚酯切片，共计重量 65 t，单件重量含包装 50 kg。王某目前已在 95306 网站上提报运输需求。王某来到城厢站，办理货物的进货作业。

要求：描述上述情境货场的场库设备和装卸设备。

案例：

翻车机指一种用来翻卸铁路敞车散料的大型机械设备，是可将有轨车辆翻转或倾斜使之卸料的装卸机械。适用于运输量大的港口和冶金、煤炭、热电等工业部门。矿井下的矿车也大多用小型翻车机卸车。翻车机可以每次翻卸 1～4 节车皮。早期的设备只能翻卸 1 节车皮，最大的翻车机可以翻卸 4 节车皮。

翻车机系统是一种专业化程度非常高的散状物料卸料系统，它用于火车装载的散状物料的翻卸。翻车机卸煤系统卸车效率高，对车辆损伤少，能改善值班人员的工作环境和便于实现机械的自动化控制。随着国民经济的持续发展，火力发电厂、冶炼厂、水泥厂、港口、矿山的建设所需的火车运输的散状物料如煤炭、焦炭、矿砂的用量大幅增长，大型现代化企业广泛应用了翻车机卸车系统。

想一想：

1. 在货物装卸过程中，作为外勤货运员的你，为了保证货物的安全，如何做到“预防为主、安全第一”？

2. 随着铁路行业技术革新，设施设备不断更新，作为货运员的你，怎样才能适应不断变化的技术更新？

学习目标

（1）掌握货场场库设备的内容。

（2）掌握装卸设备管理的内容。

（3）熟悉货位的划分。

（4）熟悉货场作业管理。

（5）培养学生热爱货运工作的职业素养，全心全意地为货主服务，为货物负责，对货主、对社会高度负责的职业道德。

任务计划

序号	工作内容	负责人
1		
2		
3		

引导问题

（1）根据下列图片，认识货场的各类场库设备和装卸设备。

货4线
1号雨棚

（2）情境一中聚酯切片为编织袋包装（每袋 50 kg），可以使用何种装卸机械进行装卸车作业？如果包装为集装袋（吨袋），可使用何种装卸机械？如果采用集装箱运输，可使用哪种装卸机械？

知识链接

货运设备是指在车站或货车上直接用于货物装卸、运送、保管作业以及其他为办理货运业务服务的设备。

一、货场基本设备

（1）货场用地。

（2）线路。

线路系指装卸货物用的线路以及为货运服务的线路，如装卸线以及货场内的调车线、牵出线、留置线、货车洗刷线、轨道衡线、换装线、危险品货车停留线等。

（3）货物仓库及雨棚。

仓库是为存放怕受自然条件影响的货物、危险货物和贵重货物而修建在普通站台的封闭式建筑物，如图 6-4 所示。仓库一般采取库外布置装卸线路的形式。但在雨雪多、风沙大、气候严寒的地区，作业量大时，也可设计为跨线仓库。其优点是货车在库内作业，不仅改善了装卸工人的劳动条件，也可保证雨雪天不中断作业，避免货物遭受湿损。

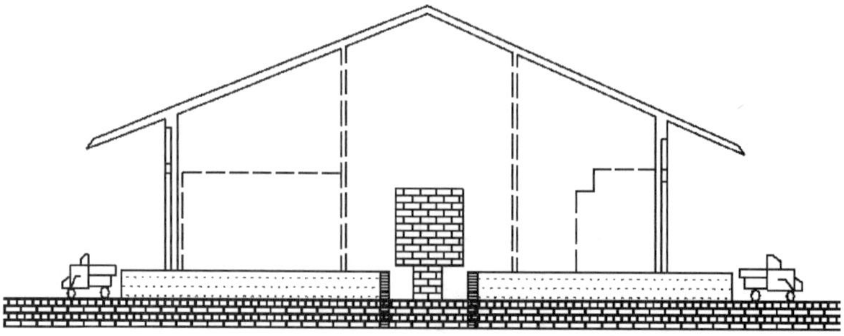

图 6-4　跨线仓库

雨棚是为避免货物受自然条件影响而修建在普通站台上的带有顶棚的建筑物。雨棚主要用于存放怕湿、怕晒货物。在多雨雪地区，作业量大的货物可根据需要采用跨线雨棚。

雨搭是仓库、雨棚的辅助防雨设备。为避免货物在装卸和搬运作业时遭受湿损，雨搭一般应伸至站台边缘。多雨地区且作业繁忙的，装卸线一侧雨搭可伸至线路中心线以远。搬运站台一侧的雨搭一般应伸出站台边缘 3 m 为宜。

（4）各种货物站台、货位、堆放场、高架线、各种滑坡仓、漏斗仓。

货物站台是为了便于装卸车作业，主要用以存放不受自然条件影响的货物而修建的建筑物。货物站台按其结构及高度可分为普通站台和高站台两种。

普通货物站台是指站台面距轨面高度 1.1 m 的站台。

普通货物站台按其与装卸线的配置形式不同可分为：侧式站台和尽端式站台。

尽端式站台是用来装卸能自行移动的带轮子货物，如汽车、坦克、拖拉机等。

尽端式站台既可以单独设置，也可以与普通货物站台合并设置，如图 6-5 所示。

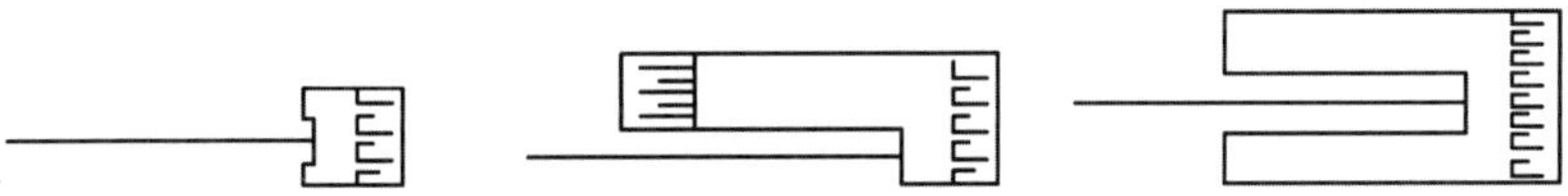

图 6-5　尽端式站台示意图

高站台是指站台面距轨面的高度大于 1.1 m 的站台。高站台分平顶式、滑坡式和跨线漏斗式三种（后两种一般在企业内采用）。

（5）堆放场。

堆放场是主要用来装卸并短期存放煤炭、砂石、木材等散堆装货物和长大笨重货物的场所。按其与装卸线的水平位置不同，分为平货位和低货位两种。

平货位堆放场：即一般常见的堆放场。地面用块石、沥青或混凝土筑成，地面与路基相平。

低货位堆放场：货物堆放场的地面低于线路路肩的，称为低货位堆放场，即低货位。低货位适用于散堆装货物的卸车作业。利用低货位卸车，可以减轻劳动强度，提高劳动效率。

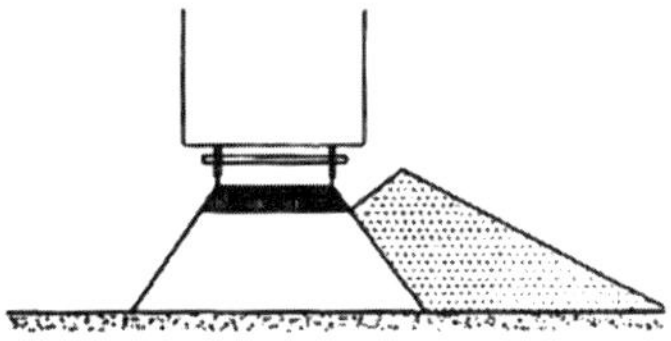

图 6-6　斜坡式低货位堆货场

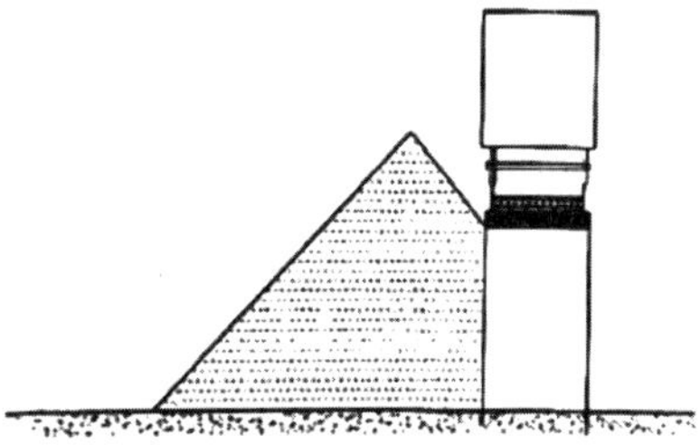

图 6-7　直壁式低货位堆货场

（6）货场照明设备。

（7）办公房舍。

办公房舍是直接为货运职工和货主服务的房舍，如货运营业室、货运员办公室、门卫室、值班室、休息室、工具室、表格库。

（8）货场硬面、道路、道口、货场围墙。

（9）上水管路及排水设备。

（10）消防及保安设备，如避雷设备、报警设备等。

（11）电力及通信、信号设备。
（12）通风采暖设备。
（13）货场内港池、码头。
（14）货场清扫设备。

二、货运用具及衡器

货运用具及衡器包括台秤、地磅衡、电子秤、轨道衡（见图 6-8）等。

图 6-8　轨道衡

三、特种用途设备

（1）特种用途设备包括：货车洗刷、除污、污水处理设备。
（2）加温冷却设备。
（3）危险货物专用设备，如经常办理危险货物的车站，应建有具备通风、洗刷、避雷、报警等安全设施的专门仓库。
（4）牲畜专用设备（包括饮水栓）。
（5）军用装卸设备。
（6）篷布及维修设备。

货运设备还包括集装箱及其他集装用具，各种装卸机械，用于维修、制造、鉴定货运用具的有关设备，监测设备和用于货运作业的电子计算机等。

四、货场装卸设备

装卸作业是货物运输过程的重要组成部分。装卸作业的机械化，是完成装卸作业任务的重要手段。合理配置装卸机械，做好装卸机械的“管、修、用”，对提高货场装卸能力和装卸效率，减轻劳动强度，保证货物安全，加速车辆周转起到极其重要的作用。

（一）根据技术特征和使用特点分类

（1）间歇作业的装卸机械：常见的有手推车、叉式车、铲车、门式起重机、轨道起重机、桥式起重机、轮胎起重机、履带式起重机、汽车起重机等。

（2）连续作业的装卸机械：常见的有斗式联合卸煤机、螺旋卸煤机、装砂机、皮带运输机等。

（二）根据货物特征分类

1. 包装成件货物的装卸机械

成件包装货物由于具有品类多、性质复杂、重量和大小不一、包装形式多样、运输和保管的条件不同、批量小、作业环节多等特点，对装卸机械提出了不同的要求。在设计和选用成件包装货物的装卸机械时，一般要求机械的外形尺寸和自重应尽可能地小，轻便灵活，能保证比较顺利地出入棚车或仓库等，其起重能力不宜过大。同时所选用的装卸机械能连续地完成装卸、搬运及堆码作业，并能自动攫取、提升和卸放货物，尽力减少辅助作业所需要的人力和时间，从而减轻司机的劳动强度，提高作业效率。

根据这些特点，广泛采用叉式车作为装卸包装成件货物的机械。叉式车种类多，按起重能力可分为：0.5 t、1 t、1.5 t、…、5 t；按动力不同可分为：电瓶式叉车（具有操作简便、无杂音、无污染的特点，但每天需充电，要求作业路面平坦）、内燃式叉车（具有起升、走行速度快、无须充电的特点，利用率相对较高，但操作复杂、噪声大、污染作业环境）。

图 6-9　叉车

2. 长大笨重货物装卸机械

长大笨重货物通常指大型机器、建筑设备、钢材、原木等，具有长、大、重，结构和形状复杂等特点。因而对装卸机械的要求应包括坚固、稳定、起重能力大等，并配备必要的索具，以扩大作业范围，做到一机多能，提高机械使用效率。

铁路货场内所使用的起重机分为桥式类型和旋转类型两大类。在桥式类型起重机中，由于龙门起重机比桥式起重机更适宜于货场的作业条件，故在铁路货场中，常采用龙门起重机进行长大笨重货物的装卸作业。

图 6-10　龙门起重机

中型和大型集装箱与笨重货物在装卸作业方法上基本类似。当运量不大时，往往把集装箱装卸作业场地设置在笨重货物作业场地的延续部分，甚至在同一场地内使用同一种装卸机械进行作业。在集装箱作业量较大的货场，按方向或到达站实行分区作业。1 t 集装箱一般选用 1 t 内燃叉车或电瓶叉车作业。5 t 及其以上集装箱采用门式起重机或旋转起重机进行装卸作业，还可采用叉车、集装箱跨运车等对集装箱进行搬运和堆码作业。

3. 散堆装货物装卸机械

散堆装货物运输在铁路总运量中占有很大的比重。对利用机械作业完成散堆装货物的装卸具有现实意义。

在专用线、专用铁路内的散堆装货物的装卸，大量采用漏斗仓、滑坡仓。部分车站砂、石的装卸一般采用装砂机，煤炭装卸采用各式卸煤机。

图 6-11　翻车机

五、场库面积需要量计算

（一）场库面积需要量计算

货运设备包括仓库、货棚、货物站台、堆货场、集装箱场、装卸机械及装卸线等。

货运设备能力是指该项设备年度可能办理的货车数或货物吨数。场库的面积，分有效面积和辅助面积两部分。有效面积是指直接用于堆放货物的面积；辅助面积是指用以搬运、装卸和检查货物的走形通道、货位间隔以及设置衡器等所需要的面积。场库面积可按下式计算其需要量 F:

$$F=\frac{Q\cdot\alpha\cdot T}{365P}$$

式中 Q——仓库、货棚、站台或堆场的年堆放能力，t；

F——仓库、货棚、站台或堆场的使用面积，m^2；

P——该项设备单位面积堆货量，t/m^2，一般取表 6-1 中的数值；

α——月度货物发送或到达不均衡系数，大中型货场一般采用 1.2 ~ 1.3，小型货场一般可采用 1.5 ~ 2.0，季节性特别显著和有特殊情况的货场按实际情况计算；

t——货物保管期限，以昼夜计算，一般采取表 6-1 中的数值。

表 6-1　货场设备使用面积计算中的有关参数

货场设备名称	单位面积堆货量 $P/(t/m^2)$	货物保管期限 T/d	
		发送前	到达后
整车仓库	0.50	2	3
危险货物仓库	0.50	2	3
混合仓库	0.30	2	3
货物站台	0.40	2	3
笨重货物堆货场	1.00	2	4
散堆装货物堆货场	1.00	2	3

（二）仓库、雨棚、站台、堆放场的宽度

仓库的宽度应根据货物运量、货物品类、作业性质、装卸机械类型、取送车组长度以及仓库结构确定：小型仓库、雨棚一般以 9 ~ 12 m 为宜，大中型仓库、雨棚不小于 15 m，库外铁路线一侧宽 4 m、站台边缘距线路中心线 1.75 m，汽车线一侧 3.5 m，汽车位宽 3 m。普通货物露天站台一般不小于 12 m。平顶高站台，单面站台 12 ~ 18 m，双面站台宽 20 ~ 30 m。堆放场货位宽，堆放长达笨重货物 6 m，散堆装货物 5 m。

六、货位划分

（一）货场作业区

货运量较大的大、中型货场，根据装卸线路的分布、装卸机械的配备、货物运输种类、作业性质、货物品类等情况，把货场划分为若干区。如按货物运输种类分为整车、零担、集装箱作业区。按办理种别分发送、到达、中转作业区。按货物品类分为成件包装货物、散堆装货物、粗杂品、笨重货物、危险货物、鲜活货物作业区。也有按东、南、西、北、中分区的。每个货区设一名货运值班员，负责该货区管理及货运组织工作。

货场分区的目的在于合理运用货场设备，保证货物安全，便利取送车和搬运作业，促进货区、仓库、线路的专业化，使职工熟悉业务，增强责任心，提高工作质量，加快货物运输和车辆周转。

（二）货　位

货位是场库在装车前和卸车后暂时存放一辆货车装载的货物或集结一个到站或方向的货物所需要的面积。正确地划分和合理地使用货位，直接关系货场作业能力的大小。

货位的划分是根据货场的具体条件因地制宜地划分。整车货位原则上要求能容纳一车的货物，其面积为 80～100 m^2，每个货位宽度为 6～8 m。零担货物则以集结一个去向或一个到站的货物为一个货位。集装箱货位适当增大。

货位的标记方法。整车货物货位一律采用号码制，即仓库、站台和堆货场按照顺序编号。发送和中转零担货物，按去向、到站或按自然中转范围进行标记，也有去向、号码同时采用的，到达零担货物采用号码制。货位标记应标在货位明显处，使工作人员容易看到。标记的方法既可用油漆写在墙壁上，也可以用木牌或金属牌悬挂在铁丝上或钉在枕木头上。

货场内的进货、装卸和取送车作业，都是根据货位占用情况编制计划的。因此，必须掌握货位的占用情况。货位的占用情况，由车站货调或货运值班员掌握，从而准确地掌握货位的占用情况，正确指挥货场进出货、装卸车和取送车作业。

1. 货位的划分

货位的划分是根据货场的具体条件因地制宜地划分。整车货位的原则上要求能容纳一车的货物，其面积为 80～100 m^2，一个货位宽度为 6～8 m，集装箱的货位则要适当增大。

货位的布局和线路的配列形式，通常有平行式和垂直式两种。平行式的配列，即货位长的一边与线路平行，一般在堆货场中划分货位时采用；垂直式的配列，即货位长的一边与线路垂直，短的一边与线路平行，一辆车长可有几个货位，一般适用于仓库、雨棚、站台划分货位时采用。

在同一条线路上，装车和卸车货位的使用要有利于卸后车辆的利用，提高双重作业的比重；有利于人身、货物、设备安全。便于装卸作业和取送车作业；有利于提高调车作业效率，按方案组织成组挂线装车。其使用形式有以下几种：

（1）一线两侧装卸货位，线路一侧为装车货位，另一侧为卸车货位，其优点是一批作业车次多，便于双重作业，进出货不干扰，适用于运量大且发、到量相等的车站。

（2）一线装卸间隔货位，在一条装卸线上，装车和卸车货位间隔固定。其优点是便于双重作业，卸后利用时车辆移动距离短；缺点是调动车辆需拉开空档，进出货相互干扰。适用运量小、装卸少、线路一侧有货位且无调车机的车站。

（3）一线装卸混合货位，在一条线上，一半为装车货位，一半为卸车货位。优点是卸后利用时调车行程短，缺点是一次送入作业车数少，不适合大组车作业。适用于一批作业车不多又无调车机的车站。

（4）一侧装卸平列货位，在线路的一侧外边是装车货位，里边是卸车货位。优点是一次作业车数多，卸后无须调动车辆就可直接装车，缺点是装车搬运时间长，进出货互相干扰，适用于受地形限制、线路不多、一线地面宽度较大的山区站。

货位配置示意图如图 6-12 所示。

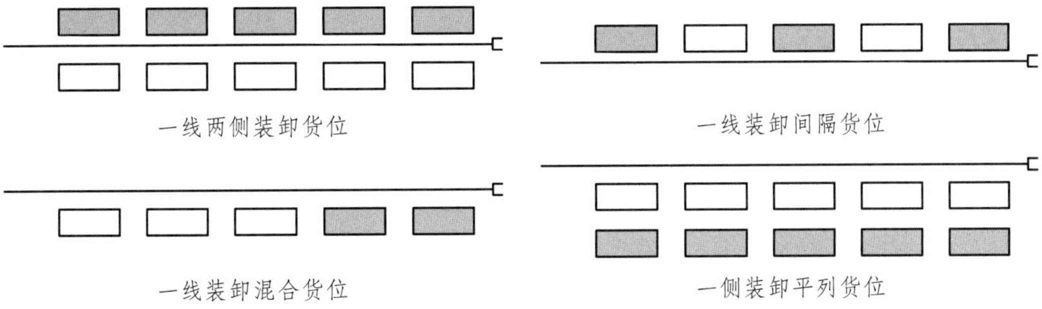

图 6-12　货位配置示意图

2. 货位占用周转时间的计算

货位占用周转时间是指货位第一次被占用时起，至该次被占用完了（即货位完全腾空）时止的一段时间。它是衡量货位利用效率的主要指标，货位占用周转时间短，表示货位周转得快、运用效率高。

货位占用周转时间 $T_{货}$的计算有以下两种方法：

（1）累计计算法。

累计计算法是以一定时期内发送及到达货物占用货位的总时间（按货位分别统计，单位为 h）除以该时期的装车与出货车数之和，即

$$T_{货}=\frac{T_{发}+T_{到}}{V_{装}+V_{出}}\times\frac{1}{24}(\mathrm{d})$$

式中　$T_{货}$——一定时期内发送货物占用货位的总时间，h；

$T_{到}$——一定时期到达货物占用货位的总时间，h；

$V_{装}$——一定时期的装车数；

$V_{出}$——一定时期的出货车数。

（2）近似计算法

不按货位分别统计，每天只在 6：00 和 18：00 分别统计一次重货位数，其计算方法为

$$T_{货}=\frac{6:00\text{重货位数}+18:00\text{重货位数}}{2\times(V_{装}+V_{出})}$$

式中　$V_{装}$——当日的装车数；

$V_{出}$——当日的搬出车数。

在车站日常统计工作中，只统计整车到达货物货位占用周转时间，发送货物货位占用周转时间不统计。这是因为发送货物占用货位的时间车站是可以控制的。整车到达货物货位占用周转时间可按下式计算：

$$\begin{matrix}\text{到达整车货物平均}\\\text{占用货位时间}\end{matrix}=\frac{6:00\text{到达化物占用货位数}+18:00\text{到达化物占用货位数}}{2\times\text{当日货物搬出车数}}$$

这种方法的优点是统计方便，缺点是不够准确，对长期占用的货位不能反映出来，应用统计表或货位示意图加以重点掌握。

七、货场作业管理

货场的功能是在货场作业的“两大过程、三个环节”中通过协调路内外各部门来实现的，两大过程是指送到达车—卸车—搬出和进货—装车—取车挂运，三个环节是指进出货、装卸车和取送车。

（一）货场出车安排

货场出车安排就是安排已装妥货车的出车时间、出车内容和出车数量。出车时间就是要求按所装货车编入列车的开车时间出车；出车内容就是要求按所编列车的编组计划内容出车；出车数量就是按所编列车要求的车数出车。根据车站的货物发送量、设备能力及作业性质，货场的出车安排有以下三种。

1. 定点、定线、定编组内容出车

定点、定线、定编组内容出车就是按列车的到站、运行线和列车编组计划整列或成组出车。这是矿区站和大货运站采取的一种高效率的组织形式。它不是靠调车作业和车辆集结时间组织列车或车组，而是靠完善货运计划和执行货场作业方案来实现。因此，必须掌握发车规律，分析到发车流特点，按本站或前方技术站的列车编组计划的编组内容，选定运行线和出车时间，并注意以下三个问题：

（1）卸大于装的车站要求整列排空时，首先应按数量安排整列排空车。

（2）重车出车内容。按本站或前方技术站列车编组计划的组号，组织成组装车或成列装车。

（3）重车出车时间。应根据空车来源，保证有足够的装车时间、取送作业时间、列车编组时间和出发作业时间。

2. 按阶段定时、定内容出车

将一个班分成几个阶段，规定出车时间、出车内容，但不定出车数量。这是有大货场的编组场所采用的一种方法，有利于货场均衡作业，可使调车组有规律地工作。

3. 按规定作业列车的要求出车

这是中间站货场采用的一种出车办法。

（二）卸车和出货组织

货场作业一般是以卸定装、以搬促卸。如果出货缓慢，无空货位卸车，则会导致进站货物无货位存放。加强卸车和出货，不但要有足够的设备，装卸和搬运力量，还要有科学的组织方法。

1. 合理运用货场设备

根据货物品类，制订定线、定仓、定机械、定作业的货位使用和管理的制度，充分发挥装卸机械作业效率：安排货位时，对大宗货物采用一线卸车货位，零星货物采用一线两侧装卸货位或一线混合货位，以便减少调车，有利于出空和双重作业；大宗货物和不易搬运的货物，应安排在出货方便的货位上，为加速出货创造条件。

2. 科学地安排卸车计划

应严格按照货场固定线路、固定货位等货场管理制度制订卸车计划，以便于出货搬运作业，卸车顺序应考虑卸空后的使用要求，避免增加不必要的调车作业量。

3. 加强出货组织

货场的出货主要由收货单位和搬运部门负责，铁路部门应从以下几个方面入手加强出货组织，提高搬运效率。

（1）根据到货情况和货位需要的缓急，安排出货顺序和时间。

（2）组织各单位联合派人驻站集中统一提货，联合搬运，提高搬运效率。

（3）配合交通和物资部门，大力开展联合运输；配合地方搬运部门，加速出货搬运。

（4）发展装卸机械化，缩短搬运时间，加速出货。

（三）进货和装车组织

进货和装车作业组织的中心内容是按列车编组计划组织车流、安排货位，减少调车作业，以缩短车辆停留时间。

进货组织应根据装车计划的安排，集中组织进货，使进货、装车到车辆挂出能在时间上衔接起来，其内容符合编组计划的规定，按“大阶段（全日）去向均衡，小阶段去向集中”的办法组织装车，做到“货进齐就装车，装好就取送，连挂即可成列或成组”。这样既可减少调车作业量，又可缩短车辆停留时间，同时也能加速货位周转。

进货作业的核心内容是建立货源核实制度，掌握日常货源情况，积极挖掘货源、货流，最大限度地组织直达运输和成组装车。

（四）取送车安排

取送车作业安排的核心内容是加强货运与运转、装卸车间的协调，合理安排货场取送车作业，可保障货场均衡作业。为了保证货场装卸作业的均衡进行，压缩货车在货场的停留时间，做到按运行图规定的运行线出车，必须妥善安排货场取送车作业。

定时取送车是货场作业方案的基本内容之一，取送车作业要实现定时运行，必须对全站工作进行统筹安排，加强各方面工作的计划性，摸清货场的作业规律。在确定每日取送车次数、时间时，应考虑不能使调车机过度繁忙，同时，对车流和货场作业特点进行具体分析后，制订出适宜的取送车计划。

（1）对大宗挂线到达的货物，应在保证有足够的装卸时间和不影响出车的原则下，优先安排大宗挂线到达的货物取送时间。

（2）对挂线装车的车辆，应根据空车来源，在保证按列车运行线发车组织出车的原则下，重点安排取送时间。为了减少调车作业，同一时间安排的装车点不要过多或过于分散。

（3）零星分散车辆，最好采取集中定点取送办法。对于在有相当运量的专用线和货场内的零星车辆，应在保证装卸作业均衡的原则下，分阶段定时取送。

（4）货场定时取送，必须注意上一班为下一班留好作业车，打好基础。

货场作业方案的各项基本内容之间是相互联系、相互影响和相互制约的。为了能制订出较优的货场作业方案并将方案付诸实践，应全面分析货场的取送车能力、机械设备和劳力的装卸能力、进出货搬运能力、货位能力，针对各项作业能力的薄弱环节，采取有效的应对措施。这样才能提高货场作业的综合效率。

任务三　专用线管理

情境任务

湖南省某粮食有限公司在长沙东站湖南某物流有限公司专用线发送粮食种子一批，至四川省达州市某粮油有限公司专用线，收货人某粮油有限公司，重量 55 t，单件重量含包装 50 kg，共计 1 100 件，保价 10 万元。

要求：完成上述情境中专用线货物的运输。

案例：

小王就职于哈尔滨铁路局集团公司加格达奇车务段塔河货运站塔河县诚惠热电有限公司专用线。该专用线到达品类是煤。作为一名优秀的铁路专用线企业运输员，小王工作时全程做好监装卸工作，严格进行防溜铁鞋的保管，按照规定的时间标准安撤防护信号，保证个人及他人的人身安全、工作安全。工作中做好站车交接工作，发现问题按规定处理。通过“货车调送单”在运输协议规定的交接地点与专用线货运员办理互签交接手续。发现车辆技术状态不良、货车加固不良、车体残存货物未清理干净等问题，立即进行整改后办理交接。

想一想：一名合格的专用线企业运输员应具备哪些职业素养？货运员如何与专用线企业运输员合作，共同完成专用线货物运输？

学习目标

（1）掌握专用线、专用铁路的概念。

（2）熟悉专用线运输管理、专用线制度管理以及作业管理。

（3）掌握专用线共用的概念与方法。

（4）培养学生热爱货运工作的职业素养，全心全意地为货主服务，对货物负责，对货主、对社会高度负责的职业道德。

任务计划

序号	工作内容	负责人
1		
2		
3		

引导问题

1. 什么是专用线？什么是专用铁路？

2. 什么是专用线共用?

3. 铁路专用线货运员与企业运输员如何办理专用线货物交接?

知识链接

一、专用线（专用铁路）的概念

专用线是指由企业或者其他单位管理的与国家铁路或者其他铁路线接轨的岔线。

专用铁路是指货运量较大的厂矿企业自有的线路，与铁路营业网相衔接，具有相应的运输组织管理系统，以自备机车动力办理车辆取送作业的专用线。

一般将专用线、专用铁路统称为专用线。

铁路专用线、专用铁路（以下统称专用线）货物运输是铁路货物运输的重要组成部分。集团公司、站段及货运中心（含办理直通运输的合资、地方铁路）应遵守国家相关法律法规，坚持“安全第一、预防为主、综合治理”的方针，全面加强专用线货运安全管理，健全货运安全管理长效机制，切实提高专用线货运安全生产管理水平。

专用线企业必须遵守国家相关安全生产法律法规、铁路规章和本办法，加强内部铁路货运安全生产管理，完善货运安全生产条件，建立健全安全生产责任制，明确日常管理责任部门和企业运输员职责，落实岗位责任制，分区、分线、分库使用制，检查交接制，预确报制度等基本制度，并对其从事的铁路货物运输安全生产负主体责任。

二、专用线运输管理

（1）专用线货运员和企业运输员，均应经过铁路的专业培训，合格后持证上岗，并应保持人员的相对稳定。

（2）专用线办理铁路货物运输，应符合车站货运营业办理限制及《铁路专用线专用铁路名称表》的规定，需要变更时，由中国国家铁路集团有限公司和路局集团公司按照各自职责和管理权限审核、确定和公布。专用线办理铁路危险货物运输时，应符合国家相关法律、法规、标准及《铁路办理站危险货物办理限制》等铁路规章、规定；办理集装箱运输时，应符合《铁路集装箱运输规则》的规定；办理超限、超重货物运输时，应符合《铁路超限超重货物运输规则》的规定。

（3）专用线货运员和企业运输员，均应经过铁路的专业培训，合格后持证上岗，并应保持人员的相对稳定。

（4）专用线产权单位办理铁路货物运输，须与接轨站所属货运中心签订《专用线、专用铁路运输协议》。办理危险货物运输的，还须签订《危险货物运输安全协议》。专用线产权单位名称、办理品类（品名）、交接地点等变更后的铁路运输，须重新签订协议。专用线产权单位（含共用单位）不得发到协议约定以外的货物。

货运中心与专用线产权单位，须于每年 12 月底以前，签订下年度《专用线、专用铁路运输协议》及相关补充协议。

三、专用线制度管理

（1）岗位责任制：车站与专用线产权单位分别对进入专用线工作的铁路调车人员、货运员和企业运输员、装卸工等制定岗位责任制，明确工作内容、分工和责任。

（2）分区、分线、分库使用制：股道较多、作业量大的专用线，可根据设备的特点和作业性质，实行划分货位、线路固定使用及仓库分库管理负责制。

（3）检查交接制：对在专用线内作业的货物、车辆、篷布等，路企双方必须制定检查交接制度，明确内容和责任。铁路和企业双方应正确填写货车调送单，按规定办理交接。

（4）预确报制度：车站与企业应制定预确报制度，双方指定专人负责。车站向企业通报装车计划、到货情况和取送车预确报。企业向车站通知装卸车完了时间。

（5）统计分析制度：各级铁路货运管理部门和人员，要认真编制和填写报表，建立设备和统计台账。铁路局集团公司在每年 1 月将上一年度的“专用线运用情况表”报国铁集团。

四、专用线作业管理

（1）送车作业。车站应按企业使用车要求拨配状态良好的货车。车站在向专用线送车前，按协议规定时间，向专用线发出送车预、确报。内容包括：空、重车数，车种，货物品名，收货人，去向，编组顺序，送车时间。专用线接到预报后，应立即确定装、卸车地点，并做好接车准备。专用线运输员接到确报后，应及时打开门栏，提前到线路旁准备接车。货车送进后向调车人员指定停车位置，调车人员按其指定股道、货位停车。

货车送到后，企业应对货车上部设备进行检查，检查门、窗、底板、端侧板是否完好，门鼻、门搭扣是否齐全，车内是否干净，有无异味及回送洗刷、消毒标志等，确定是否适合所装货物。如不适用应采取改善措施，必要时，可向车站提出调换。

（2）装车时，应充分利用货车的载重力和容积，但不得超过货车容许载重量。货物的装载必须防止超载、偏载、集重、亏吨、倒塌、超限和途中坠落。

企业运输员要负责监装，向装车人员说明注意事项，随时检查装载加固是否符合规定。装车后，企业运输员负责检查车门、窗、盖、阀是否关闭妥当，需要施封的货车按规定施封，需苫盖篷布的货物，按规定苫盖好篷布。填写装车登记簿，通知车站装车完了时间。

（3）卸车时，企业运输员要向卸车人员说明注意事项，提示卸车重点，检查安全防护设施，并负责监卸。

卸车后，企业应负责将车辆清扫干净，需要洗刷、消毒、除污的应按规定及时处理，如有困难可向车站提出协助处理，费用由委托方承担。关好车门、窗、盖、阀。拆除车辆上的支柱、挡板、三角木、铁线等，恢复车辆原来状态。检查货物堆码状态及与线路的安全距离。卸下的篷布应检查是否完整良好，需晾晒的要晾晒，并按规定将铁路货车篷布送回车站指定地点。

企业运输员要正确填写卸车登记簿，通知车站卸车完了时间。

（4）铁路专用线货运员会同企业运输员。在运输协议规定的地点，使用货车调送单按铁路规定办理交接。施封的货车凭封印交接；不施封的货车、棚车、冷藏车凭车门、窗关闭状态交接；敞车、平车、砂石车不苫盖篷布的，凭货物装载状态或规定标记交接；苫盖篷布的，凭篷布现状交接。

铁路货车篷布、企业自备篷布及需要回送的货车装备物品和加固装置，应在货车（物）交接的同时一并办理交接。上述物品，企业按有关规定或协议妥善保管或回送。上述物品丢失、短少、破损时，应于交接时向车站提出，由车站专用线货运员核实后，按规定编制记录。

（5）专用线内装车的货物，车站发现有下列状况之一时，应加以改善，达到标准后接收：

① 凭封印交接的货车，发现封印脱落、损坏、不符、印文不清或未按施封技术要求进行施封。

② 凭现状交接的货物，发现货物装载加固状态或所作的标记有异状或有灭失、损坏痕迹。

③ 规定应苫盖篷布的货物而未苫盖、苫盖不严、使用破损篷布或篷布绳索捆绑不牢固。

④ 车门、车窗未关严（需要通风运输的货物除外），车门插销未插牢固。

⑤ 使用敞车、平车或砂石车装载的货物，违反《铁路货物装载加固规则》的要求。

⑥ 违反铁路规定的货车使用限制或特定区段装载限制。

五、专用线共用

专用线共用是指在保证专用线产权单位运输需要和专用线既有设备能力富余的前提下。与其吸引范围内的单位，共同使用该专用线办理铁路货物发到业务。开展专用线共用是为了缓解铁路货场能力不足，保证货场畅通，挖掘专用线潜力，满足国民经济发展的需要。

开展专用线共用应坚持自愿互利、有偿共用和就地、就近、方便货主的原则。在保证专用线产权单位运输的条件下，由共用单位、产权单位、车站三方签订共用协议。铁路车站在签订协议前应征得铁路局集团公司的同意。专用线产权单位要向当地经贸委（经委、计经委、交委、交办）申报。临时性共用要签订临时共用协议。协议签订后，必须严格执行，各负其责。组织实施。专用线产权单位或其他单位未与车站签订共用协议，不得借出借用或租出租用专用线办理铁路货物发到业务。

在专用线办理共用的货物运输品类和业务范围内使用，不得超过专用线产权单位在《铁路专用线专用铁路名称表》公布的办理范围。

开展共用的专用线，货运中心、产权单位、共用单位三方签订共用协议后，方可开展货物运输业务。严格控制专用线办理危险货物、超限、超长和集重货物的共用。

复习思考题

1. 什么是货场？货场是如何分类的？
2. 货场的配置的类型有哪几种？各有什么优缺点？
3. 如何计算场库需要面积？
4. 什么是货区？什么是货位？
5. 什么叫货位占用周转时间？货位占用周转时间应如何计算？
6. 什么是专用线？什么是专用线铁路？
7. 什么是专用线共用？专用线共用应该遵循哪些原则？

参考文献

[1] 戴实. 铁路货运组织[M]. 北京：中国铁道出版社，2015.
[2] 毛鹤，王萌萌，铁路普通货物运输[M]. 北京：人民交通出版社，2020.
[3] 刘作义，郎茂祥. 铁路货物运输[M]. 北京：中国铁道出版社，2011.
[4] 朱晓宁. 集装箱运输与多式联运[M]. 北京：北京交通大学出版社，2018.
[5] 中国国家铁路集团有限公司货运部. 铁路货物运输[M]. 北京：中国铁道出版社，2022.